LERNBOX FRANZÖSISCH

Eynar Leupold
Französisch lernen – Frankreich entdecken
Das Methoden- und Arbeitsbuch ab 3. Lernjahr

Salut,

herzlich Willkommen zur **Lernbox Französisch**. Du lernst seit ca. drei Jahren Französisch und hast dich entschlossen, dich zu verbessern?
Die **Lernbox Französisch**
- → macht dir neuen Mut beim Lernen.
- → gibt dir Lerntipps zu verschiedenen Lernfeldern.
- → erklärt dir Grammatik an Beispielen.
- → bietet dir Übungsaufgaben mit Lösungen.
- → gibt dir Informationen zu Frankreich und der französischsprachigen Welt.

Die **Lernbox Französisch** ist ein Arbeitsbuch, bei dem du selbst die Vorgehensweise bestimmst. In den Kapiteln geht es um wichtige Bereiche des Französischlernens. Aber es gibt keine vorgeschriebene Reihenfolge. Du kannst selbst entscheiden, wo du beginnen möchtest. Die **Lernlandkarte** auf der nächsten Seite hilft dir, deine Schwerpunkte zu setzen.

Außerdem kannst du üben und dich selbst kontrollieren: Hinten im Buch findest du die **Lösungen** für alle Aufgaben und Übungen. Hier sind auch die schwierigeren Texte übersetzt. Mit der **CD** hinten im Buch kannst du das Hören und Sprechen der französischen Sprache üben. Die Hörtexte sind alle noch einmal im Buch bzw. im Lösungsteil abgedruckt.
An vielen Stellen bekommst du **Tipps**, wie du mit dem Internet dein Französisch und dein Wissen über Frankreich verbessern kannst.

Mithilfe der **Lernbox Französisch** wirst du Schritt für Schritt zu einem besseren Französisch gelangen. Wichtig ist, dass du dir selbst ein Ziel für deine Arbeit setzt, z. B sicherer in der Grammatik zu werden, französische Texte besser zu verstehen oder dich im Urlaub in Frankreich verständigen zu können. Um dein Ziel zu erreichen solltest du entscheiden: Wie, wann und in welcher Umgebung will ich lernen? Wie viel Zeit kann ich für das Lernen täglich/pro Woche einplanen? Am besten bearbeitest du regelmäßig einzelne Abschnitte und versuchst zwischendurch immer wieder, dir ein Bild von deinen Fortschritten zu machen.

Viel Spaß bei der Arbeit mit deiner **Lernbox Französisch**!

Die Lernbox im Überblick

Einleitung: erläutert die Bedeutung des Themas

Auftaktbild: bringt dich ins Spiel, weckt dein Interesse

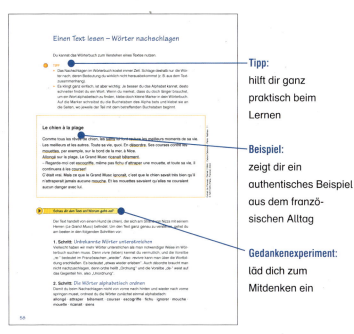

Tipp: hilft dir ganz praktisch beim Lernen

Beispiel: zeigt dir ein authentisches Beispiel aus dem französischen Alltag

Gedankenexperiment: läd dich zum Mitdenken ein

Grammatik kompakt: vermittelt dir wichtige Regeln mit Beispielen

Grammatikaufgabe: ermöglicht dir, das Gelernte gleich auszuprobieren

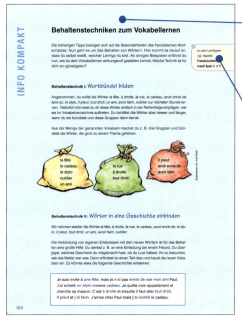

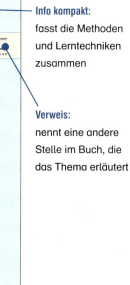

Info kompakt: fasst die Methoden und Lerntechniken zusammen

Verweis: nennt eine andere Stelle im Buch, die das Thema erläutert

Übung: ermöglicht dir, das Gelernte selbst anzuwenden

- ● ○ ○ = einfache Übung
- ● ● ○ = mittlere Übung
- ● ● ● = schwierige Übung

Internet-Übung: Übung zu einer Webseite, auf der du Interessantes zu einem Thema findest

Das Symbol 🔴 verweist auf die CD. Die Nummer (2) zeigt den Track an.

Lernlandkarte

Frankreich & Französisch

6 Französisch lernen macht Spaß
- gelesen ○
- bearbeitet ○
- kann ich! ○
→ Wie funktioniert eigentlich das Lernen?
→ Welcher Lerntyp bin ich?

Die Personalpronomen 10

16 Frankreich – das etwas andere Land
- gelesen ○
- bearbeitet ○
- kann ich! ○
→ Welche Eigenarten haben die Franzosen?
→ Worauf muss ich in Frankreich achten?

Der Satzbau 18

26 Ich parle several lingue
- gelesen ○
- bearbeitet ○
- kann ich! ○
→ Wie helfen mir andere Sprachen, die ich kenne, beim Französischlernen?

Die Steigerung der Adjektive 28

Texte hören & verstehen

34 Texte hören & verstehen
- gelesen ○
- bearbeitet ○
- kann ich! ○
→ Welche Techniken machen mir das Zuhören leichter?

Checklisten: Hören ohne/mit Blickkontakt 40

Die Verneinung 38

Das Internet von A–Z

164 Das Internet von A–Z
- gelesen ○
- bearbeitet ○
- kann ich! ○
→ Auf welchen Webseiten kann ich surfen und nebenbei Französisch lernen?

Sich selbst einschätzen

150 Sich selbst einschätzen
- gelesen ○
- bearbeitet ○
- kann ich! ○
→ Was kann ich schon in Französisch?
→ Wie hilft mir das Sprachenportfolio dabei, meine Fähigkeiten zu erkennen?

Der subjonctif 155

Wörter lernen

116 Wörter lernen
- gelesen ○
- bearbeitet ○
- kann ich! ○
→ Wie kann ich die Wörter der einzelnen Wortarten besser behalten?

Behaltenstechniken zum Vokabellernen 124

Die Konjugation der Verben 120

→ Du kannst die Kapitel der Lernbox Französisch in einer beliebigen Reihenfolge bearbeiten. Suche dir die für dich wichtigen Bereiche aus. Kreuze an, wenn du das Kapitel **gelesen** hast. Nach dem Lösen der Aufgaben kannst du **bearbeitet** ankreuzen und schließlich **kann ich!**

44 Ich verstehe Texte – besser als ich denke

○ gelesen
○ bearbeitet
○ kann ich!

→ Wie kann ich einen Text schneller verstehen?
→ Auf welche Informationen muss ich achten?

Die drei Schritte zum Textverstehen 48

Das *passé simple* 53

Texte lesen & verstehen

54 Hilfe aus dem Wörterbuch

○ gelesen
○ bearbeitet
○ kann ich!

→ Was für ein Wörterbuch brauche ich?
→ Wie arbeite ich damit?

Wörter nachschlagen: Einen Text lesen und einen Text schreiben 63

Das *imparfait* und das *passé composé* 62

130 Französisch – eine *ausgesprochen* schöne Sprache

○ gelesen
○ bearbeitet
○ kann ich!

→ Welche besonderen Laute gibt es im Französischen?
→ Wie spreche ich die Laute richtig aus?

Die Lautschrift 131

Das *gérondif* 136

172 Lösungen

Sprechen

140 In einem Gespräch mitreden

○ gelesen
○ bearbeitet
○ kann ich!

→ Worauf muss ich im Gespräch mit Franzosen achten?
→ Welche Redewendungen muss ich kennen?

10 Regeln zum Gesprächsverhalten 144

Die Objektpronomen 145

88 Schär Müsjö Schierack

○ gelesen
○ bearbeitet
○ kann ich!

→ Wo lauern Fehler?
→ Wie kann ich sie umgehen?

Hauptfehlerquellen im Französischen 100

Grammatikfehler in einem Satz vermeiden 101

Texte schreiben

70 Mit System zum eigenen Text

○ gelesen
○ bearbeitet
○ kann ich!

→ Wie gelange ich von meinen Gedanken zu einem fertigen Text?

Kleine Wörter – große Wirkung 77
Schritt für Schritt zum eigenen Text 84

Die Adjektive 78

106 Ich fasse mich kurz und schreibe ein *résumé*

○ gelesen
○ bearbeitet
○ kann ich!

→ Wie gehe ich vor, wenn ich einen Text zusammenfassen möchte?

Schritt für Schritt zum *résumé* 112

Direkte Rede – indirekte Rede 111

Französisch lernen macht Spaß

Du lernst nun schon seit einiger Zeit Französisch, kennst viele Vokabeln und kannst dich – mehr oder weniger sicher – in der französischen Sprache ausdrücken. Sicher hast du schon Werbeanzeigen für Sprachkurse gesehen, in denen versprochen wird, dass man eine fremde Sprache nach drei Monaten perfekt spricht. Das ist natürlich Unfug! Das Erlernen einer Fremdsprache braucht Zeit und ist eher mit einem Marathonlauf zu vergleichen als mit einem Sprint. Dabei muss man nicht unbedingt die ganze Strecke schnell laufen, um erfolgreich zu sein. Wichtiger ist es, konsequent dabei zu bleiben – also durchzuhalten. Und du wirst sehen: Der Einsatz, der beim Sprachenlernen von dir gefordert ist, zahlt sich schließlich wieder aus. Du tust etwas für dich als Person, weil du neues Wissen und neue Einsichten erwirbst. Außerdem bekommst du Anerkennung von anderen: Eltern, Lehrerinnen und Lehrern, Freundinnen und Freunden.

 Funktioniert das Lernen der französischen Sprache eigentlich genauso wie das Lernen einer Sportart oder wie das Mathelernen? Ist Lernen also immer gleich Lernen?

Wenn du die Übersicht auf Seite 7 ausfüllst, siehst du Gemeinsamkeiten und Unterschiede beim Erlernen von Französisch, Tennis und Mathe.

Amélie Mauresmo bei den US Open in New York

	Französisch lernen	Tennisspielen lernen	Mathematik lernen
Als Hilfsmittel braucht man …		Tennisschläger	einen Taschenrechner.
Besonders üben muss man …	Grammatik + unregelmäßige Verben	bestimmte Bewegungsabläufe.	
Gut zu sein hängt ab von …			logischem Verständnis und der richtigen Beherrschung von Rechenoperationen.
Fehler können entstehen, weil …		man bestimmte Grundschläge noch nicht gut macht.	
Ob man gut gelernt hat, merkt man daran, dass …	gute Noten schreibt.	man beim Spiel Punkte gewinnt.	

Egal, ob Französisch, Tennis oder Mathe: Das Lernen funktioniert nur, wenn du selbst die Lust und den Willen dazu hast. Du lernst nämlich nur Dinge, die du selbst wichtig und interessant findest. Der Lehrer oder der Trainer kann dir zwar eine große Hilfe sein, letztendlich musst du aber selbst und auf deine eigene Weise üben und wiederholen, um etwas zu erreichen.

Gehen wir nun auf die Überholspur, lassen den Vergleich mit Tennis und Mathe beiseite und konzentrieren uns auf den Bereich des Französischlernens.

Französisch lernen:
Ich habe die Lust und den Willen dazu.

▶ Wie kommt es, dass du angefangen hast, Französisch zu lernen?

Kreuze „ja" oder „nein" für die folgenden Aussagen an!

ja	nein	Ich habe angefangen, Französisch zu lernen, weil …
○	○	meine Eltern das wollten.
○	○	mein bester Freund/meine beste Freundin auch Französisch gewählt hat.
○	○	mein Bruder/meine Schwester das auch machen.
○	○	ein Lehrer/eine Lehrerin mir dazu geraten hat.
○	○	ich das will.

So wichtig die Entscheidungen und Ratschläge von anderen sind – für deinen Erfolg beim Lernen musst du das Fach, die Sprache zu deiner *eigenen* Angelegenheit machen. Du musst zuerst sagen können: „Ich will Französisch lernen!"

Ich finde Französisch wichtig und interessant.

▶ Aus welchen Gründen hältst du selbst Französisch für wichtig und interessant?

Kreuze „ja" oder „nein" für die folgenden Aussagen an!

ja	nein	Ich finde Französisch wichtig und interessant, weil …
○	○	… die französische Geschichte so spannend ist.
○	○	… Französisch in der Wirtschaft nach Englisch die zweitwichtigste Sprache ist.
○	○	… ich Céline Dion, Astérix, Zidane, _____ gut finde.
○	○	… ich persönliche Kontakte zu Menschen aus einem französischsprachigen Land habe bzw. herstellen möchte.
○	○	… Frankreich der wichtigste Handelspartner Deutschlands ist. Wenn ich später in der Wirtschaft tätig bin, helfen mir Französischkenntnisse.
○	○	… Frankreich unser Nachbarland ist. Man sollte schon die Sprache des Nachbarn kennen!
○	○	… ich mich für die „Tour de France" interessiere.
○	○	… Französisch auch in Teilen Kanadas und in über 30 anderen Ländern der Welt gesprochen wird. Wer weiß, vielleicht komme ich einmal dorthin!

Mach dir diese Gründe für dein Französischlernen immer wieder klar: Sie reichen über die Schulzeit hinaus und haben nichts mit Zensuren zu tun! Notiere hier noch einmal deine beiden wichtigsten Gründe:

Ich lerne Französisch, weil …

1. _____

2. _____

Ich mache mir klar, welcher Lerntyp ich bin.

▶ **Überlege einmal: Auf welche Weise lernst du am besten?**

Jeder von uns lernt eine Sprache anders. Nehmen wir als Beispiel das Vokabellernen. Manche Schülerinnen und Schüler schreiben die neuen Wörter mehrmals ab, manche verbinden die Vokabeln mit einer kleinen Geschichte, manche lernen immer die französische Vokabel mit der deutschen Übersetzung dazu. Es gibt keine Lernmethode, die für alle die beste ist. Deshalb ist es für dich wichtig, die geeignete Lernmethode herauszufinden.

Kreuze „ja" oder „nein" an!

	ja	nein	so lerne ich
1	○	○	Mir hilft es, wenn die Lehrerin/der Lehrer etwas anzeichnet.
2	○	○	Ich finde es wichtig, dass die Lehrerin/der Lehrer ganz klar sagt, was ein französisches Wort bedeutet.
3	○	○	Ich kann gut aus einzelnen Beispielen eine Grammatikregel ableiten.
4	○	○	Französische Wörter kann ich gut hören und nachsprechen. Aber das Schreiben bereitet mir Probleme.
5	○	○	Ich verstehe Grammatik am besten, wenn die Lehrerin/der Lehrer die Regel vorgibt.
6	○	○	Ich arbeite nicht gerne mit Texten, die unbekannte Vokabeln enthalten.
7	○	○	Ich lerne gut und besonders gern, wenn wir einzelne Szenen aus dem Lehrbuch spielen.
8	○	○	Bei unbekannten Texten gehe ich immer schrittweise von Wort zu Wort vor.
9	○	○	Ich lerne die Vokabeln am besten durch häufiges Nachsprechen.
10	○	○	Ich lerne etwas gut, wenn ich mich mit jemandem darüber unterhalten kann.
11	○	○	Ich kann mir bei einer Geschichte ziemlich schnell den Verlauf bis zum Ende vorstellen.

Deine Antworten zeigen, auf welche Art du lernst – welche Lernmethode du bevorzugst. Dabei können mehrere Aussagen auf dich zutreffen, da ein Lerntyp manchmal unterschiedliche Lernmethoden anwendet.

Die Auswertung findest du auf Seite 12.

GRAMMATIK KOMPAKT

Die Personalpronomen *(Les pronoms personnels)*

Wir sprechen in diesem Kapitel von dir als Person und dem, was du willst.
Dies ist eine gute Gelegenheit, die französischen **Personalpronomen** zu wiederholen.
Du kennst schon: *je*, *tu*, *il/elle*, *nous*, *vous*, *ils/elles*. Außerdem gibt es das Personalpronomen **on**, das die Bedeutung von „wir" hat. Die Verbform entspricht der von *il/elle*.

> **On va** au cinéma? Oui, **nous allons** au cinéma.

Die Franzosen unterscheiden (im Gegensatz zum Deutschen) immer, ob es sich in der 3. Person Plural um eine Mädchen-/Frauengruppe oder um eine Jungen-/Männergruppe handelt.
Wenn eine Gruppe aus Jungen und Mädchen besteht, wird immer das männliche Pronomen *ils* genommen.

> Les jeunes filles descendent du car. **Elles** sont fatiguées.
> Après les filles, il y a les garçons. **Ils** vont tout de suite au marché.
> Pierre et Jacqueline font des courses. **Ils** achètent des maillots de bain.

Neben diesen Personalpronomen, die du in den meisten Fällen benutzt, gibt es noch die Formen des so genannten **betonten Personalpronomens** (*le pronom personnel tonique*):
moi, *toi*, *lui/elle*, *nous*, *vous*, *eux/elles*.
Sie werden verwendet, um eine Person hervorzuheben und immer nach einer Präposition.

Die Hervorhebung von Personen

SITUATION 1
Eine französische Freundin fragt dich, welche Fremdsprache du lernst. *J'apprends le français* wäre als Antwort möglich. Um aber deine Person (auch gegenüber anderen Personen) hervorzuheben, sagst du besser:

> **Moi**, j'apprends le français.

Dein Freund lernt vielleicht Spanisch. Du erzählst dies der französischen Freundin und sagst:

> **Lui**, il apprend l'espagnol.

Die Hervorhebung erfolgt also durch das betonte Personalpronomen, das vor das „normale" Personalpronomen gestellt wird.

Bei **on** erfolgt die Hervorhebung durch ein vorangestelltes **nous**.

> **Nous**, **on** va au cinéma?

SITUATION 2

Der Lehrer fragt die Klasse, wer den französischen Film am Vorabend gesehen hat:
Wenn du nur mit einem Wort antworten willst, musst du immer (und ausschließlich) das betonte Personalpronomen nehmen:

> Qui a vu le film hier soir?   **Moi!** (ich)
> **Lui!** (Tim)
> **Elle!** (Stefanie)

Das Pronomen nach einer Präposition

SITUATION

In einem Gespräch wirst du gefragt, ob du mit Tim oder Stefanie ins Kino gehst.

> Tu vas au cinéma avec Tim ou avec Stefanie?
> Je vais au cinéma **avec elle** (mit Stefanie)./Je vais au cinéma **avec lui** (mit Tim).

Auch nach allen anderen Präpositionen muss das betonte Personalpronomen verwendet werden.

GRAMMATIKAUFGABE

▶ Übersetze die folgenden Sätze!

PIERRE: **Wo sind die DVDs?**

MARCEL: **Sie sind noch im Koffer.**

PIERRE: **Und wo ist der?**

MARCEL: **Er steht hinter dir.**

PIERRE: **Wollen wir „L'auberge espagnole" ansehen?**

MARCEL: **Ich bin zu müde. Und du Francis?**

FRANCIS: **Alleine habe ich keine Lust. Aber mit dir, Pierre, bin ich einverstanden** *(être d'accord)*.

GRAMMATIK KOMPAKT

AUSWERTUNG: Welcher Lerntyp bin ich?

| 1 | 3 | 10 | → Du hast bei **1**, **3** und **10** mit „ja" geantwortet: Du bist ein „visueller" Lerntyp, jemand, für den das Sehen besonders wichtig ist. Du hast die Fähigkeit, gut inhaltliche Zusammenhänge herzustellen. Hingegen liegt deine Schwäche möglicherweise in einem genauen Arbeiten Schritt für Schritt.

Deine Lernmethode ist das Sehen.

→ **TIPP** Male oder zeichne dir z. B. kleine Symbole neben die Vokabeln, die du lernen willst.
ACHTUNG: Vernachlässige nicht das genaue Arbeiten Schritt für Schritt!

| 2 | 5 | 6 | 8 | → Du hast bei **2**, **5**, **6** und **8** mit „ja" geantwortet: Du gehörst zu den Lerntypen, die immer alles ganz genau wissen wollen. Das ist im Prinzip gut, aber gerade beim Sprachenlernen haben z. B. nicht alle Vokabeln genau *eine* deutsche Entsprechung.

Deine Lernmethode ist das ganz genaue Lernen.

→ **TIPP** Schreibe dir z. B. Merksätze zur Grammatik in ein eigenes Heft.
ACHTUNG: Sei dir selbst und der Lehrerin/dem Lehrer gegenüber manchmal toleranter und versuche, mit kleinen Unsicherheiten zu leben.

| 4 | 9 | → Du hast bei den Aussagen **4** und **9** mit „ja" geantwortet: Du bist ein „auditiver" Lerntyp, also jemand, der gut über das Ohr Informationen aufnimmt und behält.

Deine Lernmethode ist das Hören.

→ **TIPP** Sprich dir z. B. die Lektionstexte auf Kassette und höre sie anschließend.
ACHTUNG: Übe besonders das Schreiben, um sicher in der Rechtschreibung zu werden!

| 7 | 11 | → Du hast die Aussagen **7** und **11** mit „ja" angekreuzt: Du gehörst zu den Lerntypen, für die ein aktives Handeln besonders wichtig ist. Diese Situationen sind im Unterricht nicht allzu häufig.

Deine Lernmethode ist das Handeln.

→ **TIPP** Spiele selbst zu Hause einige Szenen, um sicher in der Sprache zu werden.
ACHTUNG: Nicht alles lässt sich beim Französischlernen durch spielerisches Handeln lernen. Denke auch daran, dir Regeln und neue Vokabeln sorgfältig aufzuschreiben.

Ich lerne auch ohne meine Lehrerin/meinen Lehrer.

 Wo, wann und mit wem lernst du Französisch?

Natürlich ist dein Französischunterricht in der Schule mit der Lehrerin/dem Lehrer der Hauptort, an dem du die Sprache lernst. Aber du solltest das Französischlernen nicht nur in Abhängigkeit von der Lehrperson sehen. Was das bedeutet? Nutze die Hilfe der Lehrerin/des Lehrers, aber nimm dein Lernen selbst in die Hand!
Mach dich beispielsweise auf den Weg, Wörter und Namen zu finden, die in deiner Umgebung auf Frankreich bzw. die französische Sprache verweisen, und überlege, was sie bedeuten. Das können Werbeanzeigen sein (Gauloises: *Liberté toujours*), das kann ein Etikett einer Schokoladenpackung sein (*Mon chéri*) oder auch ein Straßenname in deiner Stadt (Marie-Curie-Platz).

Wo gibt es in deiner Umgebung Wörter oder Namen, die auf Frankreich verweisen? Zeichne sie oder klebe sie ein.

Du kannst außerdem auch zu Hause
- → über das Internet direkt den Kontakt zu Frankreich herstellen,
- → französisches Fernsehen empfangen,
- → französisches Radio hören,
- → dir Sprachmaterial anschaffen (DVDs, CDs, Videokurse),

um selbst in Kontakt mit der Sprache und dem Land zu treten.

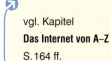
vgl. Kapitel
Das Internet von A–Z
S. 164 ff.

ÜBUNGEN

1. Mein Französisch-Alphabet

▶ **Finde für jedes Wort des Alphabets ein französisches Wort.**

ACHTUNG: Schwierig wird es bei „k", denn es gibt im Französischen nur 150 Wörter, die mit „k" anfangen. Noch schwerer ist es bei „x" und „y": Nur jeweils 40 Wörter beginnen mit diesen beiden Anfangsbuchstaben. Deshalb sind bei „k", „x" und „y" ausnahmsweise Eigennamen zugelassen. Aber vielleicht nimmst du auch ein Wörterbuch zu Hilfe?

a	Alors	n	
b	bon	o	
c	construire	p	
d	donc	q	
e	envoyer	r	
f	fermer qu	s	
g	garçon	t	
h	habiter	u	
i	inventer	v	
j	jeune	w	
k		x	
l		y	
m		z	

2. Versteckte Wörter

Lernen heißt auf Französisch *apprendre*.

▶ **Schreibe fünf Wörter auf, die sich in diesem Wort verstecken!**

1. prendre
2.
3.
4.
5.

Flexibel oder unflexibel?

Beim Sprechen einer Fremdsprache musst du dich oft auf neue Situationen einstellen und manchmal schnell auf eine Äußerung reagieren. Mit dem folgenden Test kannst du feststellen, ob du wirklich flexibel bist.

▶ **Entscheide dich jeweils für eine Lösung. Zähle am Ende die Summe der Antworten mit ● und die mit ◆ und lies die Auswertung im Lösungsteil.**

1. Tu as oublié l'anniversaire de ton/ta meilleur(e) ami(e).
   - ● Tu dessines vite un joli dessin sur une petite carte que tu lui donnes avec un bon[1] pour le cinéma.
   - ◆ Tu notes la date en rouge sur ton calendrier.

2. Ta mère a oublié d'acheter du ketchup pour les frites.
   - ◆ Tu refuses de manger tes frites.
   - ● Tu te prépares une sauce tomate toi-même.

3. Tu as oublié ton livre de français à l'école.
   - ◆ Tu ne fais pas de devoirs. Quelle chance!
   - ● Tu téléphones à un(e) ami(e) pour qu'il/elle te prête[2] son livre.

4. Tes parents veulent partir en voyage seuls.
   - ● Pas de problème, tu invites ton oncle avec ses enfants.
   - ◆ Tu dis à tes parents que tu ne l'acceptes pas.

5. Tu regardes une vidéo mais il n'y a pas de chips[3].
   - ● Tu dis: «Cela ne fait rien! Je regarde la vidéo quand même.»
   - ◆ S'il n'y a pas de chips, je ne regarde pas la vidéo.

6. Au cirque, un artiste te choisit pour l'aider avec dans son numéro.
   - ● Tu es content(e) et tu y vas tout de suite[4].
   - ◆ Tu refuses[5] et proposes la personne à côté[6] de toi.

7. Ton ami(e) t'a invité(e) pour fêter son anniversaire. Il y a une musique terrible.
   - ◆ Tu dis tout de suite «au revoir» à ton ami(e).
   - ● Tu proposes à ton ami(e) de faire le DJ.

8. Ton professeur t'offre de changer de place pour mieux voir ce qu'il/elle a écrit au tableau.
   - ● Tu trouves que c'est une bonne idée et tu l'acceptes.
   - ◆ Tu refuses parce que tu ne veux pas quitter ton copain.

[1] un bon – *ein Gutschein*; [2] prêter – *leihen*; [3] les chips – *die Kartoffelchips*; [4] tout de suite – *sofort*; [5] refuser – *zurückweisen*; [6] à côté de – *neben*

Lernen und Gedächtnis

An verschiedenen Stellen innerhalb des Kapitels hast du die Möglichkeit gehabt, dich selbst zu testen. Einen weiteren Test findest du unter der Rubrik „Ludo-Test", wenn du die Internet-Seite **www.apprendre.free.fr** anklickst. Hier gibt es eine Reihe von guten Tipps in Form von B. D. (Comics), wie man am besten etwas behalten kann.

Klicke einmal links auf der Begrüßungsseite den Kopf des Polizisten an. Auf der geöffneten Seite kannst du Informationen zu der *mémoire courte* und der *mémoire longue* erhalten.

▶ **Wie viele Informationen kann das Kurzzeitgedächtnis speichern?**

Frankreich – das etwas andere Land

Zwischen Frankreich und Deutschland gibt es viele Gemeinsamkeiten aber auch einige Unterschiede, z. B. in der Sprache. Du hast dich vielleicht schon geärgert, weil der Satz *Je donne mon frère le livre* in deinem Heft mit einem Grammatikfehler und dem Hinweis „falsche Satzstellung" versehen war, obwohl du doch nur aus dem Deutschen übersetzen wolltest. Aber nicht nur die französische Sprache hat ihre eigenen Regeln, sondern auch im französischen Alltagsleben wird dir manches ungewohnt vorkommen.
In diesem Kapitel geht es sowohl um die Sprache als auch um das Alltagsleben in Frankreich.

 Schau dir die Bildgeschichte an! Weißt du, was ein *poisson d'avril* ist?

Kannst du dir vorstellen, dass diese kleine Bildgeschichte auch in Deutschland als witzig empfunden würde? Wohl kaum, denn sie steht in Bezug zu einem besonderen Brauch in Frankreich. Am 1. April werden – wie bei uns – Bekannte und Freunde „in den April geschickt", indem man ihnen eine falsche Nachricht erzählt (wie es der kleine Fisch in der Bildgeschichte tut). Allerdings versucht man in Frankreich, ihnen zusätzlich einen selbst gebastelten *poisson d'avril* (Aprilfisch) auf den Rücken, an die Tasche oder auf die Jacke zu kleben, ohne dass sie es merken. Alle anderen, die den *poisson d'avril* sehen, amüsieren sich dann.
Der kleine Fisch in der Bildgeschichte führt seinen Freund mit einem falschen Kompliment an der Nase herum und gesteht dann, dass es sich bei dem Kompliment um einen *poisson d'avril* – einen Aprilscherz handelt. Du siehst: Es gibt zwar Ähnlichkeiten mit dem Brauch in Deutschland, doch manches ist nicht einfach übertragbar.

Illustration: Tania Lécaillon © Editions Histoire de Voir!, Paris

Aller Anfang ist schwer: *Faire la bise*

Hast du schon einmal die französische Begrüßung mit den Küsschen gesehen oder erlebt?

In Frankreich begrüßt man sich mit den *bises* – den Küsschen links und rechts. Dies ist nicht nur eine Angelegenheit zwischen Erwachsenen. Mit den *bises* begrüßen sich auch die Jugendlichen morgens auf dem Schulhof. Diese Geste ist für dich wahrscheinlich ungewohnt, und du würdest dich diesem Ritual am liebsten entziehen. Doch die Franzosen würden deine Zurückhaltung kaum verstehen. Deshalb: Hab' Zutrauen und mach' mit! Diese *bises* sind kein Ausdruck einer tiefen Freundschaft, sondern eine normale Form der Begrüßung.

Wie viele Küsschen werden ausgetauscht? Eine Antwort ist nicht mit Bestimmtheit zu geben – die Anzahl ist verschieden, je nach der Region, den Menschen, der Menschengruppe und der Situation. Zwei Küsse (je einer links und rechts) sind es aber mindestens. Bei sehr guten Freunden und Bekannten doppelt so viele.

Feste feiern

Weißt du, was der Ausdruck *liberté, égalité, fraternité* bedeutet?

Viele Feiertage in Deutschland und Frankreich haben einen gemeinsamen Ursprung und werden in beiden Ländern gefeiert. Dies gilt beispielsweise für den 1. Mai, den Tag der Arbeit, aber vor allem auch für religiöse Feste wie Ostern und Weihnachten. Doch schon hier gibt es kleine Unterschiede: Am Ostermontag und am zweiten Weihnachtstag sind die meisten Geschäfte in Frankreich wieder geöffnet. Und die Weihnachtsgeschenke werden nicht Heiligabend sondern morgens am 25. Dezember ausgetauscht.

Ein ganz besonderer Feiertag in Frankreich ist der Nationalfeiertag, der 14. Juli, der auf den Tag der französischen Revolution am 14. Juli 1789 zurückgeht. Mit *liberté, égalité, fraternité* (Freiheit, Gleichheit, Brüderlichkeit) begann die Geschichte der französischen Republik.

Das starke Bewusstsein der Franzosen für die Geschichte ihres Landes zeigt sich an zwei weiteren Feiertagen: dem 8. Mai und dem 11. November. Der 8. Mai erinnert an das Ende des Zweiten Weltkrieges. Am 11. November wird durch Kranzniederlegungen in den Städten und Dörfern die Erinnerung an das Ende des Ersten Weltkrieges wach gehalten.

Französische Briefmarke

Der Satzbau *(L'ordre des mots dans la phrase)*

In der Einleitung haben wir von einem falschen Satz gesprochen, der immer wieder auftaucht: *Je donne mon frère le livre.* statt richtig *Je donne le livre à mon frère.*
Dieser Fehler hat mit dem französischen Satzbau zu tun.

Aussagesatz

Wo steht das direkte/indirekte Objekt?
Der französische Aussagesatz hat die Reihenfolge Subjekt – Verb – Objekt. *Julien achète un livre.*
In den Fällen, in denen zwei Objekte zu dem Satz gehören, kommt an erster Stelle das **direkte Objekt** und anschließend das **indirekte Objekt**.

> Je donne le livre **à mon frère**.

Das **direkte Objekt** (*l'objet direct*) ist nur durch die Satzstellung zu erkennen.
Das **indirekte Objekt** (*l'objet indirect*) wird durch die Präposition *à* eingeleitet.

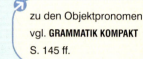

zu den Objektpronomen vgl. **GRAMMATIK KOMPAKT** S. 145 ff.

 TIPP Lerne Verben gleich mit der jeweiligen Präposition: *donner qc. à qn.*

Wo stehen Ergänzungen des Ortes und der Zeit?
Ergänzungen des Ortes und der Zeit können entweder am Anfang des Satzes oder am Ende stehen. Gibt es sowohl eine Orts- als auch eine Zeitangabe, dann ist die Regel: Ort vor Zeit – entweder am Anfang oder am Ende des Satzes.

> **En France**, le 14 juillet, beaucoup de magasins sont fermés.
> Beaucoup de magasins sont fermés en France, **le 14 juillet**.
> **En France**, beaucoup de magasins sont fermés **le 14 juillet**.

Bei dem dritten Beispielsatz ist die Ortsbestimmung an den Anfang und die Zeitbestimmung an das Ende des Satzes gestellt worden. Auch dies ist möglich.

Wo stehen Adjektive?
Adjektive stehen entweder vor oder direkt nach dem betreffenden Nomen.
Vorangestellt werden **kurze Adjektive** (*petit*, *grand*, *joli* …).
Nachgestellt werden alle **Farbadjektive** sowie die **drei- und mehrsilbigen Adjektive**.

> Les **petits** magasins ferment en juillet.
> Le gouvernement a pris des décisions **extraordinaires**.

Wo stehen Adverbien?
Zeit- oder Ortsadverbien (*hier*, *aujourd'hui*, *ici*) stehen am Satzanfang.

> **Hier**, j'ai rencontré mon professeur dans la rue.

Adverbien, die sich direkt auf ein Verb beziehen (*lentement*, *fortement*, *sensiblement*), stehen nach der konjugierten Verbform.

> J'ai **longuement** étudié le texte.

GRAMMATIK KOMPAKT

Fragesatz

Intonationsfrage

zur Intonation vgl. Kapitel **Französisch – eine *ausgesprochen* schöne Sprache** S. 130 ff.

Die Satzstellung des Aussagesatzes bleibt erhalten. Durch das Heben der Stimme zum Satzende wird für den Hörer erkennbar, dass es sich um eine Frage handelt. In Texten setzt man nur das Fragezeichen.

> Les magasins ferment en juillet?

Frage mit *est-ce que*

Die Satzstellung des Aussagesatzes bleibt erhalten. Das einleitende **est-ce que** ist ein Signal für den Hörer/Leser, dass der nachfolgende gesprochene oder geschriebene Satz als Frage aufzunehmen ist.

> **Est-ce que** les magasins ferment en juillet?

Inversionsfrage

Die „normale" Abfolge von Subjekt und Verb des Aussagesatzes wird umgekehrt. Die Verbform rückt an den Satzanfang. Zwischen die Wörter ist im Schriftlichen ein Bindestrich einzufügen (bei *il/elle* zusätzlich ein „t"). Mit dieser Wortfolge ist für den Hörer/Leser klar, dass es sich um eine Frage handelt.

> **Savez-vous** comprendre le texte?
> **Achète-t-il** chez Carrefour?

GRAMMATIKAUFGABE

▶ **Bringe die Satzelemente in die richtige Reihenfolge!**

a. fera – il – demain – Marseille – à – beau.
   Demain, il fera beau à Marseille.

b. les élèves – travaillent – est-ce que – en France – l'après-midi – ?
   En France, est-ce que les élèves travaillent l'après-midi? En France-

c. cordialement – salue – je – de la part de – te – Ghislaine.
   _____

d. remercie – te – de – fleurs – belles – beaucoup – je – ces.
   Je te remercie beaucoup de ces belles fleurs.

e. ma – tu – à – réparer – penses – bicyclette – aujourd'hui – ?
   _____

f. les – entendu – avez – vous – est-ce que – nouvelles – ?
   _____

19

Sich im Alltag bewegen

> „Die Franzosen sehen doch immer alles ganz locker!" – oder?

Ganz allgemein vorweg: Franzosen schätzen es sehr, wenn man als Deutscher höflich und zurückhaltend auftritt. Das hat vor allem Gründe, die in der deutsch-französischen Geschichte liegen: Oft sind Deutsche anmaßend und arrogant gegenüber Frankreich aufgetreten. Das Land und die Menschen haben z. B. unter der deutschen Besatzung im Krieg gelitten und diese Ereignisse sind bis heute nicht vergessen.

Pünktlichkeit

Nehmen wir einmal an, du bist für 19.30 Uhr bei Bekannten in Frankreich eingeladen. Du hast es nicht weit und willst gerne pünktlich ankommen. Um 19.29 Uhr klingelst du an der Tür, bereitest dich schon innerlich auf die *bises* vor. Aber was passiert? Als der Gastgeber die Tür öffnet, merkst du, dass noch kein Mensch mit deinem Besuch rechnet. Du bist viel zu früh! Im privaten Umfeld in Frankreich stört es eher, wenn man pünktlich zu einer angegebenen Uhrzeit ankommt. 15 bis 20 Minuten „Verspätung" gelten nicht als unhöflich sondern sind „normal".

Und wie steht es mit Geschenken? Als Jugendlicher brauchst du dir wenig Gedanken zu machen, denn die französischen Gastgeber rechnen ganz sicher nicht mit einem Geschenk. Und wenn du wirklich ein kleines Geschenk mitbringst, hörst du sicherlich *Mais il ne fallait pas …* , was bei uns soviel heißt wie „Aber das wäre doch nicht nötig gewesen".

Im Restaurant

Vielleicht hast du Lust, mit Freunden anstelle bei Mc Donald's einmal in einem französischen Restaurant zu essen – und wenn es nur das Tagesgericht (*plat du jour*) ist. Denke daran, dass man in französischen Restaurants im Eingang wartet und sich einen Tisch von einem/einer Angestellten des Restaurants zuweisen lässt. Der Sturm auf den freien Tisch am Fenster, den wir aus Deutschland kennen, ist selbst in kleineren französischen Restaurants unpassend.

Sprechen wie die Franzosen

> Schau dir die Illustrationen an: Übersetze die kleinen Bildunterschriften. Welche Bedeutung hat wohl der Ausdruck *vachement*?

Mit deinen Freunden sprichst du sicherlich anders als mit deiner Lehrerin/deinem Lehrer. So tun es auch französische Jugendliche. Sie benutzen unter sich Wörter und Ausdrücke, die du nicht unbedingt im Lehrbuch antriffst. Ein Beispiel: Du hast sicherlich in der Schule den Ausdruck *C'est très chic* gelernt. Französische Jugendliche in deinem Alter verwenden anstelle des *très* sehr oft *vachement*, wie die Illustration zeigt. Wahrscheinlich würde es eher komisch wirken, wenn du die jugendsprachlichen Ausdrücke selbst verwenden würdest. Es wäre auch absolut verfehlt, sie gegenüber oder in Anwesenheit von Erwachsenen zu benutzen. Wichtig für dich ist es, diese Ausdrücke zu verstehen.

Dies sind weitere Ausdrücke aus der französischen Jugendsprache mit ihren „Übersetzungen" in der französischen Standadsprache.

Ta mère!	–	Tais-toi! *(Halt den Mund!)*
Arrache-toi!	–	Va-t-en! *(Hau ab!)*
avoir du bol	–	avoir de la chance *(Glück haben)*
être en stand-by	–	être en attente *(in der Warteschlange sein/abwarten)*
il est grave	–	il est débile / bête *(Er ist dumm.)*
C'est nul!	–	Cela ne vaut rien! *(Das taugt nichts./ Das ist Mist.)*
la maille/le fric	–	l'argent *(das Geld)*

1 Mein Frankreichbild

Welches Bild hast du von Frankreich – von seinen berühmten Bauwerken, Personen, Symbolen, Automarken etc.?

▸ **Zeichne in jedes Feld eine Sache oder eine Vorstellung, die du mit Frankreich verbindest!**

La France de A à Z

Für die Lösung dieser Übung kannst du auf dein eigenes Wissen zurückgreifen, Frankreichkenner fragen oder Informationen aus dem Internet (z. B. über die Suchmaschine www.yahoo.fr) nutzen.

▶ Kreuze an!

vrai	faux		
○	○	a.	Nice est la deuxième grande ville de la France.
○	○	b.	Le Rhône (die Rhone) traverse la ville d'Orléans.
○	○	c.	En France, il n'y a pas de cours de religion à l'école.
○	○	d.	*T'es chiant(e)* bedeutet *Tu es intelligent(e)*.
○	○	e.	Dans un bistrot, on ne peut rien manger.
○	○	f.	Au verso (Rückseite) de la pièce française de 1 Euro, on voit Napoléon.
○	○	g.	Céline Dion est une chanteuse française.
○	○	h.	Le Sacré-Cœur est une pièce de théâtre.
○	○	i.	La Martinique est un département français.
○	○	j.	Envoyer une lettre de la France en Allemagne, cela coûte 0,46 Euro.
○	○	k.	Le 8 mai, on commémore (erinnert an) la fin de la 2e guerre mondiale.
○	○	l.	La mimique et la gestuelle (Gesichtsausdrücke und Körpersprache) sont importantes en France.
○	○	m.	Peugeot fabrique des voitures et des bicyclettes.
○	○	n.	On ne fait pas de bises aux adultes.
○	○	o.	Colmar est une ville en Bourgogne.
○	○	p.	Très souvent, les magasins ouvrent plus tard le lundi matin.
○	○	q.	Les couleurs du drapeau français sont bleu, blanc et vert.
○	○	r.	Un menu dans un restaurant se compose d'un hors-d'œuvre, d'un plat principal et d'un dessert.
○	○	s.	Quand on veut payer, on dit: «L'addition, s'il vous plaît.»
○	○	t.	Quand on mange en famille en France, il y a toujours quelque chose à boire.
○	○	u.	En France, on mange très souvent un croissant au petit-déjeuner.
○	○	v.	Le soir, on mange plus tard en France qu'en Allemagne.
○	○	w.	Aldi et Lidl n'existent pas en France.
○	○	x.	On sert le café au lait dans une grande tasse.
○	○	y.	*La vache qui rit* est un fromage.
○	○	z.	ARTE est une chaîne de télévision franco-allemande.

3 Auf der Suche nach einem Feiertag

Versuche einmal herauszubekommen, was es mit diesem Blümchen auf sich hat. Es hat etwas mit einem französischen Feiertag zu tun. Frage deine Lehrerin/deinen Lehrer, Bekannte oder gib das Wort in eine französische Suchmaschine (z. B. www.google.fr) ein.

▸ Wie heißt die Blume auf Deutsch?

_____

▸ Welcher Feiertag und welcher Brauch stehen mit ihr in Verbindung?

_____

▸ Gibt es eine Entsprechung für diesen Brauch in Deutschland?

_____

4 Le cinéma

Franzosen interessieren sich sehr für Kino. „Titanic" oder „Amélie Poulain" waren auch in Frankreich große Erfolge. Jährlich findet in Cannes ein weltbekanntes Filmfestival statt, auf dem der beste Film mit der *Palme d'Or* (der Goldenen Palme) ausgezeichnet wird. Gehe auf die Internetseite www.cannes.fr.

▸ Welcher Film wurde in diesem Frühjahr mit der *Palme d'Or* ausgezeichnet?

TIPP Wenn du dich auch für den französischen Film interessierst, dann ist die folgende Internetadresse für dich sicherlich interessant: www.filmsdefrance.com. Hier kannst du nach aktuellen Filmen, Regisseuren und Schauspielern suchen. Die Begrüßungsseite startet in englischer Sprache, aber du kannst in der linken Leiste auf Französisch umstellen. Wie wär's mit einem Eintrag im *livre d'or* – dem Gästebuch?

5 Vachement

▶ Bilde für jede Illustration einen Satz. Ersetze dabei das Wort *vachement* durch ein treffendes Adverb aus der folgenden Liste:
très – vraiment – profondément (zutiefst) – complètement – assez – pas … du tout – super – extrêmement – un peu.

VACHEMENT DRÔLE

VACHEMENT TRISTE

VACHEMENT SYMPA

Je lis une B. D. Elle est vraiment drôle.

VACHEMENT VACHE

VACHEMENT TIMIDE

VACHEMENT ZEN

VACHEMENT BIZARRE

VACHEMENT BALÈZE

VACHEMENT COOL

FRANKREICH & FRANZÖSISCH

Ich parle several lingue

Ja, du hast richtig gelesen: Die Überschrift ist ein Wortgemisch aus vier verschiedenen Sprachen: Deutsch, Französisch, Englisch und Italienisch. In diesem Kapitel geht es um die Sprachen, die du schon kennst. Eine Sprache sprichst du natürlich perfekt: deine Muttersprache nämlich. In der Schule hast du vielleicht schon Englisch gelernt und du kennst bestimmt einzelne Ausdrücke aus anderen Sprachen wie Italienisch, Russisch, Türkisch, Spanisch, Polnisch usw. Dieses Kapitel soll dir zeigen, wie du deine Kenntnisse aus den anderen Sprachen für das Französischlernen nutzen kannst.

▶ **Sieh dir die Grußkarte an. Um welche Sprachen handelt es sich auf dieser Grußkarte?**

Du siehst sofort, dass dies eine Weihnachtskarte mit Grüßen in verschiedenen Sprachen ist. Notiere Ähnlichkeiten bei den Wörtern.

Season's Greetings   God Jul

Felices Fiestas   Frohe Festtage

Tanti Auguri   Boas Festas

Prettige Feestdagen   よいお年を

Meilleurs Vœux   Καλές Γιορτές

© Guy Fortescue. Reproduced with special permission from UNICEF.

26

Ähnlichkeiten im Wortschatz

Andere Sprachen können dir durch ihre Ähnlichkeiten mit dem Französischen beim Französischlernen helfen. Statt die Bedeutung einer unbekannten Vokabel einfach zu raten, kannst du die folgende Technik anwenden: Du greifst auf deine Kenntnisse aus einer anderen Sprache zurück, um die Wortbedeutung zu erschließen. Nehmen wir einmal an, dass du das französische Wort *décider* noch nicht kennst. Beim Lesen fällt dir aber das englische Verb *to decide* ein. Und von *to decide* zu *décider* ist es nur ein kleiner Schritt – *décider* heißt also „entscheiden".

Vervollständige die Tabelle und vergleiche die Wörter der verschiedenen Sprachen!

Französisch	Englisch	Deutsch
modeste		bescheiden
une déclaration	a declaration	
	an envelope	ein Briefumschlag
	the tea	der Tee
la saison	the season	
		das Produkt
	to sign	signieren, unterzeichnen
	to permit	erlauben
un consommateur	a consumer	

Nun gibt es bestimmte Sprachen, die näher am Französischen sind als andere. Dazu gehören Spanisch, Italienisch, Portugiesisch oder Rumänisch. Vielleicht hast du bestimmte Wörter aus diesen Sprachen im Kopf, auch wenn du sie nicht perfekt sprichst. Diese Sprachen haben ihren Ursprung im Lateinischen, deshalb ist oft der Wortstamm gleich oder ähnlich:

„Das Buch" heißt auf Italienisch beispielsweise *il libro*, auf Spanisch *el libro*, auf Portugiesisch *il livro* und auf Französisch *le livre*.

Dieses Beispiel zeigt natürlich auch, dass das Englische (*the book*) hier keine Hilfe sein kann. Der Grund dafür liegt darin, dass das Englische nicht zu den so genannten „romanischen" Sprachen gehört. Deine Englischkenntnisse sind aber z. B. bei internationalen Wörtern eine Hilfe:

„Die Bevölkerung" heißt auf Englisch z. B. *the population*, ähnlich wie auf Italienisch *la popolazione*, auf Spanisch *la población* und auf Französisch *la population*.

Die Steigerung der Adjektive
(Le degré de comparaison des adjectifs)

Nicht nur bei der Suche nach der Bedeutung von Vokabeln kann dir dein Wissen aus anderen Sprachen helfen: Es gibt auch Ähnlichkeiten bei verschiedenen grammatischen Konstruktionen. So sind beispielsweise **a cup of tea** und **une tasse de thé** in ihrer Konstruktion identisch. Aber auch bei umfangreicheren Bereichen der Grammatik gibt es Ähnlichkeiten – z. B. bei der Steigerung der Adjektive.

ENGLISCH	FRANZÖSISCH
Steigerung der zwei- oder mehrsilbigen Adjektive mit *more*	Steigerung aller Adjektive mit *plus*
A cat is a **dangerous** animal. A tiger is **more dangerous** than a cat. The lion is the **most dangerous** animal.	Le chat est un animal **dangereux**. Le tigre est **plus dangereux** que le chat. Le lion est l'animal **le plus dangereux**.

Die Satzstellung in den englischen und den französischen Sätzen ist nicht ganz gleich. Dies liegt daran, dass *dangereux* als dreisilbiges Adjektiv im Französischen hinter dem Nomen steht. Aber die Art, wie die Steigerungsformen gebildet werden, ist sehr ähnlich:

Steigerungsform	Englisch	Französisch
Positiv	Adjektiv	Adjektiv
Komparativ	*more/less* + Adjektiv	*plus/moins* + Adjektiv
Superlativ	Artikel + *more/less* + Adjektiv	Artikel + *plus/moins* + Adjektiv

 TIPP Beim Komparativ entspricht das französische **que** dem englischen **than**.

Einzelne französische Adjektive haben besondere Steigerungsformen, die du lernen musst.

bon	mauvais
meilleur	pire
le/la meilleur(e)	le/la pire

▶ **Übersetze die folgenden Sätze ins Französische und Englische!**

1. Französisch zu schreiben ist schwerer als Französisch zu sprechen.
2. Ich finde es einfacher, eine B. D. zu lesen als einen Roman.
3. Einen Text zu lesen ist weniger interessant als einen Text zu schreiben.
4. Am langweiligsten ist es, einen Text abzuschreiben (copier).

1 Sprachenwirrwarr

Welcher Ausdruck stammt aus welcher Sprache?
▶ **Stelle Vermutungen an und trage die Ausdrücke in die Tabelle ein!**

Auf Wiedersehen. Au revoir. Gluck gluck! Bonsoir.
Danke, gut. Ça va? Danke.
Glug glug! Goodbye. Fine, thanks. Guten Tag.
Salut. Buenas tardes.
Good afternoon. Ssh!
Buenos días. Shit! Thanks ¡Mierda! Chut!
¿Qué tal? ¿Como estás? Ça va, merci.
Hasta luego. Hello. Wie geht's? Tschüss!
Bonjour.
Merci. ¡Pss! How are you? Merde!
¡Gluglú! Bye. Bonjour. Bien, gracias.
Glou glou! Hola. Good evening.
Salut. Good morning. Hallo. Chau.
Scheiße! Guten Morgen! Gracias. Guten Abend.

Französisch	Spanisch	Deutsch	Englisch

Achtung Autofahrer!

An der Côte d'Azur, vor allem in Nizza, wird im Sommer viel gestohlen. Die Industrie- und Handelskammer der Stadt Nizza hat ein Merkblatt in mehreren Sprachen mit Sicherheitshinweisen für Autofahrer herausgegeben.

▶ **Lies die beiden Fassungen und versuche die Hinweise zu verstehen!**

EN VOITURE:

1. Ne laissez aucun objet ou vêtement visible, même en circulant.

2. En ville, circulez avec les portières verrouillées.

3. Ne laissez pas de sac ou d'objet sur les sièges, ou posé sur les genoux.

4. A l'arrêt aux feux de signalisation, ou pris dans le flux de circulation, méfiez-vous des mouvements de scooters.

5. Vérifiez que votre véhicule soit fermé à clef, alarme branchée, direction bloquée, autoradio retiré. Ne laissez pas d'objet de valeur dans le coffre.

IN YOUR CAR:

1. Do not leave anything visible (objects, clothes), even when driving.

2. In town, think of locking your doors.

3. Do not leave any bag or any object on the seats or in your lap.

4. When you stop at traffic-lights or when you are caught in a traffic jam, be careful of scooters.

5. When you park your car, check that it is locked, the alarm is on, the steering-wheel is blocked, the car radio is removed. Do not leave any valuables in the boot.

Quelle: 10 conseils pour votre sécurité de la CCI Nice Côte d'Azur et la Police Nationale

▶ Notiere in der Tabelle die englische Form und finde eine passende deutsche Entsprechung.

Französisch	Englisch	Deutsch
même en circulant		
en ville		
pas de sac		
le flux de circulation		
direction bloquée		

•• 3 Essen an der Raststätte

Die Texte stammen aus einem Werbeprospekt einer französischen Autobahnraststätte.

▶ Finde die fehlenden französischen Formen. Der englische und der italienische Text können dir helfen, die richtige grammatische Form und das zutreffende Wort zu finden.

Sandwiches, desserts, boissons... à prix malins !

 ... sur autoroute

Sandwiches, chips, desserts et boissons...

Sélectionnés __1__ *un jury de* __2__ *pour leur rapport* __3__ *, ces produits* __4__ *dans* __5__ *les établissements signalés par l'emblème "Piqueniquez malin" vous* __6__ *de piqueniquer agréablement ou de vous restaurer lors d'une* __7__ *sur place.*

 ... on the motorway

Sandwiches, crips, sweets and drinks...

Selected by a panel of consumers because of their value-for-money, these products available in all establishments indicated by the "Clever Picnicker" sign offer a way to plan a pleasant picnic or to take a break for a meal on the premises.

 ... sull'autostrada

Chips, bibite, dessert e sandwich...

Selezionati da una giuria di consumatori per il loro rapporto qualità/prezzo, questi prodotti proposti in tutti i Locali contraddistinti dall'emblema "Offritevi il picnic intelligente" vi permettono un picnic gradevole oppure una pausa-ristoro sul posto.

Quelle: Sandwiches, desserts, boissons ... à prix malins! Du 23 juin au 8 septembre 1999. Société d'Autoroutes, Paris.

1 _____
2 _____
3 _____
4 _____
5 _____
6 _____
7 _____

Verlorenes Gepäck

Der folgende Brief an einen früheren Fluggast wurde von einem Mitarbeiter einer Fluggesellschaft geschrieben, der zwar Wörter aus einigen Sprachen kennt, aber keine Sprache sicher beherscht.

▶ Welches sind die Sprachen, die du erkennen kannst?
▶ Versuche den Text, vollstädig in die französische Sprache zu übersetzen.

Estimado Pasajero,

wir bedauern sincèrement les désagréments you've been caused. Estamos haciendo that we are doing todo lo possible, Ihr Gepäck zu finden et vous les faire brought to you as soon as möglich.
In the meantime, nous vous offrons this trousse de toilette esperando que el contenido Ihnen nützlich sein kann.
Merci für Ihr Verständnis

Die Sprachen sind:

Der französische Brief:

L'eau minérale

Die Franzosen trinken gerne Mineralwasser ohne Kohlensäure, die Amerikaner stilles Wasser mit Eiswürfeln. Wie magst du dein Mineralwasser? Die französische Stadt Vittel, die in den Vogesen liegt, ist für ihr Mineralwasser berühmt. In dem Ort sind die Quellen des Unternehmens Perrier/Vittel, das das Mineralwasser herstellt.

▸ **Wie lange kann ein Mensch ohne Wasser leben?**

Klicke auf die Webseite des Unternehmens unter www.institut-eau.com. Perrier/Vittel ist international ausgerichtet: Die Begrüßungsseite bietet alle Informationen auf Englisch und Französisch an. Klicke die französische Version an.
Versuche, die Informationen unter *l'eau au quotidien* grob zu verstehen. In den Fällen, in denen du nicht auf Französisch weiter kommst, kannst du auch kurz in die englische Fassung springen.

© SNCF

Texte hören und verstehen

„Die Franzosen sprechen so schnell. – Ich verstehe kein Wort!" Solche Reaktionen kennst du bestimmt. Vielleicht hast du auch selbst schon so reagiert, als du im Frankreichurlaub ein Gespräch unter Franzosen gehört hast oder als deine Lehrerin/dein Lehrer im Unterricht Hörtexte von französischen Sprechern abgespielt hat.

Das Verstehen von Gesprächen oder Hörtexten ist anfangs nicht einfach. Du brauchst zunächst einmal viel Übung. Es gibt aber auch bestimmte Techniken, die das Hörverstehen einfacher machen. Du lernst sie in diesem Kapitel. Mit der CD kannst du außerdem dein Hörverstehen üben.

 Schau dir das Foto an: Was hat es wohl mit dem Thema „Texte hören und verstehen" zu tun?

Auch in Frankreich wird das Spiel Scrabble gerne gespielt. Allerdings in der französischen Ausgabe. Die Spielregeln sind für alle Länder dieselben: Man erhält eine bestimmte Anzahl an Punkten, wenn man einen Buchstaben in einem Wort untergebracht hat. In den Ausgaben der unterschiedlichen Länder bringen die einzelnen Buchstaben aber unterschiedliche Punkte. Bestimmte Laute treten in einzelnen Sprachen unterschiedlich oft auf und haben damit – wie die Buchstaben – eine unterschiedliche Wertigkeit. Gibt es einen Buchstaben häufig in einer Sprache, so enthält das Spiel auch viele solcher Steine. Die Punktzahl auf dem Stein ist aber geringer, da es ja nicht so schwierig ist, ein Wort mit dem Buchstaben zu finden. Im französischen wie auch im deutschen Scrabble ist jedes „g" nur zwei Punkte wert, weil es so oft vorkommt. Jedes „w" aber bringt in der französischen Version 10 Punkte, in der deutschen hingegen nur 3 Punkte.

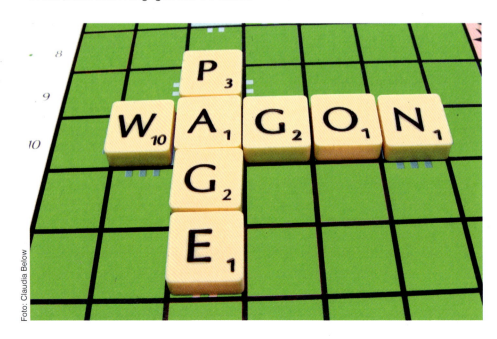

Foto: Claudia Below

2 **HÖRAUFGABE** „G"-Laute hören und sortieren

Gleich hörst du einen Satz, in dem mehrere Wörter mit dem Buchstaben „g" geschrieben werden. Welche verschiedenen „g"-Laute hörst du? Ordne sie in die Tabelle ein! Wenn innerhalb eines Wortes das „g" mehrmals mit unterschiedlicher Aussprache auftaucht, trage es an verschiedenen Stellen ein.

> Le groupe d'élèves de Géraldine qui a gagné une visite gratuite au zoo de Genève a fait des gestes grossiers aux girafes qui se trouvent derrière les grandes grilles grises.

[g]	[ʒ]	[ɲ]

 TIPP Normalerweise sprichst du das „g" wie [ʒ]. Doch Achtung! Der Buchstabe „u" ist ein „Hartmacher": Steht ein „u" nach einem „g" wird das „g" wie [g] gesprochen.

Gesprochenes Französisch

Das gesprochene Französisch unterscheidet sich leicht von dem geschriebenen. Du merkst das, wenn du einen französischen Radiosender hörst oder dich mit einem Franzosen unterhältst.

Vokabular

> vgl. Kapitel
> **Frankreich – das etwas andere Land** S. 16 ff.

Aus dem vorigen Kapitel weißt du bereits, dass unter Jugendlichen oft ein besonderes Vokabular benutzt wird, z. B. *vachement*. Hier sind noch einige Wörter, die in der gesprochenen Umgangssprache auftauchen:

la bagnole	statt	la voiture
le flic	statt	le policier
une nana	statt	une jeune fille
les sous	statt	l'argent

Auch in Kanada, in der Schweiz und in einem Teil Belgiens wird Französisch gesprochen. Hier gibt es weitere Unterschiede: So wird in Belgien und in der Schweiz z. B. *nonante* statt *quatre-vingt-dix* für die Zahl 90 verwendet.

Aussprache

Oft sprechen die Franzosen die Endungen der Futur- und der Konditionalformen gleich aus. Der Unterschied zwischen *je terminerai* [e] und *je terminerais* [ɛ] ist dann nicht hörbar. Hier hilft nur, auf den Satzzusammenhang zu achten und daraus abzuleiten, ob von der Zukunft (*futur*) gesprochen wird oder ob von einer Möglichkeit/Bedingung (*conditionnel 1*) die Rede ist.

Wie in Deutschland gibt es in Frankreich Dialekte. Je nachdem, aus welcher Gegend der Sprecher kommt, hörst du regionale Unterschiede. Die Franzosen aus Südfrankreich sprechen beispielsweise keine Nasale – das französische Wort *le pain* wird ausgesprochen wie /le päng/. Um einen solchen Sprecher zu verstehen, muss man überlegen, wie das Wort „normalerweise" ausgesprochen wird.

> zu den Si-Sätzen
> vgl. Kapitel
> **Schär Müsjö Schierack** S. 98

Kleine Wörter – große Wirkung

In der gesprochenen Sprache werden dir einzelne Wörter begegnen, die du noch nicht gehört hast und bei denen du vergeblich nach der Bedeutung im Wörterbuch suchst. Sie erschweren dir eventuell zunächst das Verständnis. Diese Wörter und Äußerungen wie „äh..." oder „ne?" im Deutschen haben etwas mit der Sprechsituation zu tun. Es sind Füllwörter zwischen Gedanken – Wörter, mit denen der Sprecher z. B. nach Bestätigung sucht oder seine spontane Meinung ausdrückt. Oft geben sie Rückschluss auf die Stimmung des Sprechers.
In dem Kasten auf Seite 37 oben findest du einige Beispiele.

Äußerung	Funktion/ Bedeutung
Et alors?	dt.: „Und (was geschah) dann?"
Ben …	Verzögerungselement vor einem neuen Gedanken (dt.: „Äh …")
Tiens!	drückt Erstaunen aus (dt.: „Sag mal!")
Ah bon!	drückt Erstaunen aus (dt.: „Ach!")
Si!	Entgegnung auf eine Frage mit Verneinung (dt.: „Doch!")
Donc?	Frage nach einer Schlussfolgerung (dt.: „Und dann?")
Eh bien …	leitet einen neuen Gedanken ein (dt.: „Also …")
Bien sûr!	bringt breite Zustimmung zum Ausdruck (dt.: „Natürlich.")
Tu penses!	Zurückweisung einer Meinung (dt.: „Das glaubst du!")
Cool!	positives Urteil zu einer Sache, einer Handlung (dt.: „Prima!")

3 HÖRTEXT Satzbau in der Umgangssprache

Die Umgangssprache hat manchmal einen anderen Satzbau als die offizielle Sprache. Du hörst gleich jeweils zwei Sätze: zuerst den Satz, den ein Franzose in einem privaten Gespräch sagen würde und dann die Version, die in einem offiziellen Gespräch verwendet würde. Hör dir einmal die folgenden Beispiele an:

Wiederholung von Pronomen, um sie zu betonen
- privates Gespräch: **Mon père, il travaille.**
- offizielles Gespräch: **Mon père travaille.**

Verzögerungselemente wie das deutsche „äh"
- privates Gespräch: **Ben … je ne sais pas quoi te dire.**
- offizielles Gespräch: **Je ne sais pas ce que je peux te dire.**

Fragen mit quoi
- privates Gespräch: **Tu dis quoi, toi?**
- offizielles Gespräch: **Qu'est-ce que tu dis?**

Auslassen von Satzelementen (z.B. Verneinung)
- privates Gespräch: **Je comprends rien.**
- offizielles Gespräch: **Je ne comprends rien.**

> zur Verneinung vgl. **GRAMMATIK KOMPAKT** S. 38

Die Verneinung *(La négation)*

Weißt du noch, wie die Verneinung im Französischen gebildet wird?

→ Die Verneinung besteht immer aus zwei Teilen: *ne* (oder *n'* bei einem nachfolgenden Vokal) und einem weiteren Element, das den Grad der Verneinung angibt, z. B. *pas*.

ne … pas	nicht
ne … pas du tout	überhaupt nicht
ne … rien	nichts
ne … jamais	niemals
ne … plus	nicht mehr
ne … personne	niemand
ne … aucun(e)	kein(e)
ne … que	nur
ne … guère	kaum

→ *Ne* und das zweite Element „umarmen" die konjugierte Verbform, egal, um welche Zeitform es sich handelt.

> Je **ne** fume **plus**.
> Mon père **n'**a **jamais** fumé.
> Ma mère **ne** fumera **jamais**.

→ Die Pronomen, die vor der konjugierten Verbform stehen, werden von der Verneinung immer mit „umarmt".

> Ce monsieur, je **ne** le connais **pas**.
> Cette chanson, je **ne** l'ai **jamais** écoutée.
> Je ne pense pas aux devoirs. Vraiment, je **n'**y pense **pas**.

→ Die Verneinungsformeln *ne … personne* und *ne … rien* können auch am Anfang eines Satzes als Subjekt stehen. Sie stehen dann zusammen und in umgekehrter Reihenfolge.

> **Personne ne** me connaît.
> **Rien ne** me surprend.

GRAMMATIKAUFGABE

▶ Antworte mit der angegebenen Verneinung auf die Fragen!

1. Tu as déjà été en Belgique?   (ne … jamais)
2. Tu as vu le directeur?   (ne … personne)
3. Tu as beaucoup de DVD?   (ne … que cinq DVD)
4. Tu as bien préparé l'exercice?   (ne … pas du tout)
5. Tu as encore faim?   (ne … plus)

Verstehenstechniken

Grundsätzlich sind zwei Hörsituationen zu unterscheiden: erstens das Hören von Sprache über ein Medium (Kassette, Radio) – also das Hören ohne Blickkontakt – und zweitens das Hören mit Blickkontakt in einem direkten Gespräch.

Hören ohne Blickkontakt

Wenn man keinen Blickkontakt zu einem Sprecher hat, ist es ganz wichtig, sich in Gedanken ein Bild von der Gesprächssituation zu machen. Als Verstehenstechnik kann dir die **Checkliste I** auf Seite 40 dienen.

Hören mit Blickkontakt

In den Situationen, in denen man Blickkontakt mit einem Gesprächspartner hat, ist das Verstehen meist leichter: Es gibt Elemente der Körpersprache, die das Verstehen unterstützen. Zunächst einmal siehst du an dem Gesicht des Sprechers, wie er gestimmt ist. Gesten sind ebenfalls wichtig wie z. B. ein Kopfschütteln, um eine Verneinung zu unterstreichen oder ein Nicken, um eine Zustimmung zu verstärken. Auch Handbewegungen „sagen" manchmal viel: ein erhobener Zeigefinger, ein Gesprächspartner, der auf sich zeigt und sagt: *Moi, je ne dirai rien* usw. Es ist also ganz wichtig, nicht nur gut zuzuhören, sondern zugleich die Person zu beobachten.

„Verstehenshelfer" beim Hören

Situationen wie in der Schule, wo du einen Hörtext mehrmals vorgespielt bekommst, sind im Alltag selten. Meist hast du nur *eine* Chance etwas zu verstehen: die Nachrichten, den Wetterbericht oder die Verkehrsmeldungen beispielsweise. Achte besonders auf die folgenden „Verstehenshelfer"!
  Zeitangaben (autrefois, aujourd'hui, il y a 30 ans, dans 10 ans, ...)
  Eigennamen (Personennamen, Städtenamen, Markennamen, ...)
  Zahlen (5 degrés, maximum 80 km/heure, 50 personnes, 3000 visiteurs, 5 euros)
Ausgehend von diesen Angaben solltest du versuchen, andere Einzelheiten unterzuordnen. So nimmt die Menge an Informationen zu und du erhältst „Blöcke" an Informationen.
Weitere „Verstehenshelfer" sind die W-Fragen: **Wer?** **Wo?**
                                                Was? **Wie?**
                                                Wann? **Warum?**

In einem schriftlichen Text markieren Absätze einen neuen Gedanken. In einem Hörtext gibt es dafür den Wechsel der Sprecher (bei einem Interview beispielsweise) oder kurze Pausen – im Radio manchmal kleine Musikfetzen. Daran erkennst du, dass eine neue Information folgt.

Hören ohne/mit Blickkontakt

CHECKLISTE I

Hören ohne Blickkontakt

→ Wie viele Personen sprechen?
→ Wie alt sind die Personen ungefähr?
→ Wo (in welcher Umgebung) sprechen die Personen?
→ Wie ist die Stimmung der Personen (ruhig, aufgeregt, …)

CHECKLISTE II

Hören mit Blickkontakt

→ Welche Stimmung kann ich aus dem Gesicht ersehen?
→ Gibt es Gesichtsausdrücke oder Gesten, die die Sprechabsicht verstärken (fragend, auffordernd, …)?
→ Welche Wörter werden durch Handbewegungen unterstrichen?

1 Sich die Gesprächssituation vorstellen

Du hörst ein Gespräch zwischen mehreren Personen.
▶ Wende die Checkliste I „Hören ohne Blickkontakt" an und stell dir die Situation vor, in der sich die Sprecher befinden!

```
2
15
café
ruhig
```

2 Gewinnquoten notieren

In Frankreich ist das Wetten bei Pferderennen eine beliebte Beschäftigung. Man kann gewinnen, wenn man den Einlauf der ersten drei Pferde richtig ansagt. Du hörst gleich die Ergebnisse von drei unterschiedlichen Pferderennen. Die Sprecherin nennt zuerst die Nummer des Pferdes, das gewonnen hat, und dann die Gewinnquoten, also den Betrag, den man pro Pferd gewonnen hat.

▶ Trage die Zahlen, die du verstanden hast, in die Übersicht ein!

TIPP Du kannst dir entweder die Stimme im Original anhören oder – wenn dir diese zu schnell spricht – eine veränderte, etwas langsamere Version, die danach kommt.

Les courses à Auteuil

la 6ᵉ course
10 _____ et _____
7 _____
8 _____

la 7ᵉ course
2 _____ et _____
3 _____
4 _____

le quinté plus
l'as: ___ ___ ___ ___
dans l'ordre: _____ euros
dans le désordre: _____ euros
le bonus 4: _____ euros
le bonus 3: _____ euros

3 Einen Wetterbericht verstehen

6 Nun hörst du einen Wetterbericht. Kannst du die Höhe der Temperaturen verstehen, die für die einzelnen Regionen vorhergesagt werden?

▶ Markiere die Temperaturen auf der Karte.

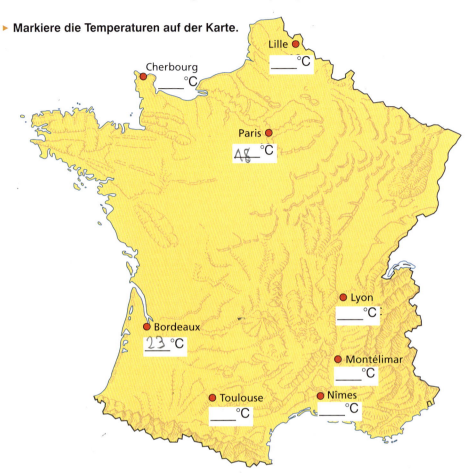

Paris: 18 °C
Bordeaux: 23 °C

4 Verkehrsnachrichten verstehen

7 ▶ Höre dir die Meldung genau an und fülle die Lücken des Textes aus!

A __16:15__, je vous rappelle la situation du trafic routier. Attention sur __tout__ les routes! En effet, ce __vendredi__ 1er mai a été classé «orange» dans le sens des _____ de __Paris__ en particulier. Au moment où je vous parle, il y a 110 kilomètres de bouchon autour de la __capitale__ et plus de 200 en _____. On n'avait pas prévu un trafic aussi intense pour __l'après-midi__. Il devrait rester __difficile__ jusqu'à 22 heures ce soir. Il est vivement conseillé de partir _____ matin.

Der neue Renault Modus

 Die Autofirma Renault stellt ihr neustes Modell im Radio vor.

Foto: Renault. Mondial 2004 (Modus vous allez l'adorer): *Modus, le campagnon de toutes les envies*.10.

▸ Kreuze an, ob die Aussagen richtig sind (*vrai*) oder falsch (*faux*)!

vrai	faux	
○	⊗	Le *Modus* est une grande voiture.
○	⊗	Renault le montre pour la première fois à Barcelone.
⊗	○	La Renault *Clio* est plus grande que le *Modus*.
⊗	○	Le *Modus* a cinq places.
⊗	○	Opel va sortir la *Meriva* et Fiat son modèle *Idea*.
○	⊗	Le *Modus* coûtera plus cher que la *Clio*.
⊗	○	Renault veut vendre 300.000 voitures par an.
⊗	○	On pourra l'acheter à partir de décembre.

 ### Voitures

Interessierst du dich für Autos? Natürlich haben die drei großen französischen Marken eine Homepage:

www.renault.fr
www.peugeot.fr
www.citroen.fr.

Hier kannst du Aktuelles erfahren und das Fachvokabular für Autos entdecken.

▸ Die „Ente" kennst du ja, aber was ist die *Petite Rosalie* von Citroën?

Ich verstehe Texte – besser als ich denke

Beim Lernen und Anwenden einer Fremdsprache hat man immer wieder mit geschriebenen Texten zu tun. Da die geschriebene Sprache anders ist als die gesprochene, kann der Umgang mit längeren Texten zuerst frustrierend sein. Beim ersten Anblick eines Textes hast du vielleicht manchmal einen Schreck bekommen und gedacht, dass du überhaupt nichts verstehst. Wetten, dass das nicht stimmt? Irgendetwas verstehst du immer. Und das reicht oft schon aus, damit du an dem Text arbeiten kannst. Wie und mit welchen Techniken das geht, zeigt dir dieses Kapitel an verschiedenen Texten, die auf den ersten Blick „schwierig" aussehen.

Schau dir die Abbildung unten an! Worum handelt es sich?
Was verstehst du von dem „Text"?

Vielleicht denkst du beim Anblick der asiatischen Schriftzeichen sofort, dass du nichts verstehst, weil du kein Japanisch sprichst. Doch vermutlich hast du auch ohne Japanisch zu können sofort erkannt, dass es sich um einen Stadtplan handelt. Dieses Wissen ist Teil deines Weltwissens, das du aktiviert hast.
Mit der Vorabinformation „Stadtplan" öffnen sich weitere Möglichkeiten, Dinge zu verstehen: Ein Stadtplan zeigt die Struktur einer Stadt, ihre Flächen, Straßen und Plätze. Du „verstehst" die Größe einzelner Straßen, wie sie zusammengehören und in welche Richtung sie gehen. Du verstehst also nur einen einzigen Teil der Abbildung nicht – nämlich die sprachlichen Bezeichnungen der Straßen- und Platznamen der Stadt Mailand. Damit ist klar: Du verstehst in den seltensten Fällen „gar nichts".

Vorinformationen nutzen und Schlüsselwörter erkennen

Programmation de l'ordre des pistes

Vous pouvez programmer une séquence (un répertoire) d'un maximum de 32 pistes. Vous pouvez choisir n'importe quel ordre. Les pistes peuvent apparaître plus d'une fois dans le répertoire, ou peuvent être complètement éliminées. Le répertoire s'applique uniquement au disque qui se trouve à ce moment dans le lecteur. Une fois que vous retirez le disque, le répertoire est perdu. Utilisez la télécommande pour programmer l'ordre des pistes.

Quelle: Pioneer (2001): Compact Mini Component/Mini Chaine Compacte, X-NM1/X-NM10, Operating Instructions/Mode d'emploi.18.

Verschaffe dir einen ersten Eindruck des Textes, indem du ihn überfliegst: Um welche Art von Text (z.B. literarischer Text, Beschreibung, persönlicher Brief) handelt es sich?

Vermutlich ist dir der Name der Firma Pioneer bekannt. Das Unternehmen stellt Unterhaltungselektronik her. Daraus kannst du schließen, dass es sich bei dem Text wohl um eine Bedienungsanleitung für ein elektronisches Gerät (hier: einen CD-Player) handelt. In diesem Fall liefert also die Quellenangabe eine wichtige Vorinformation. Solche Informationen sind wichtig, damit sich unser Gedächtnis an bestimmte Dinge erinnert, die es über solche Texte weiß.

Welche Wörter könnten für ein Verständnis des Textes besonders wichtig sein?

Schlüsselwörter des Textes sind *pistes*, *répertoire*, *disque*, *lecteur* und *programmer*. Diese Wörter haben im Zusammenhang mit einer Bedienungsanleitung eine besondere Bedeutung: „Tonspur", „Verzeichnis", „CD", „Lesegerät", „programmieren". Aus den Schlüsselwörtern erkennst du: Es geht hier um die Programmierung der Titelreihenfolge einer CD. Schwierigkeiten bereitet dieser Text also in erster Linie durch das technische Vokabular. Dieses Problem lässt sich mithilfe eines Wörterbuchs lösen.

vgl. Kapitel **Hilfe aus dem Wörterbuch** S. 54.

Personen und Situationen erkennen

> Depuis quelques jours, je me contemple dans mon miroir, celui que j'ai réclamé depuis longtemps et que papa a installé de travers dans ma chambre après une résistance passive qui a duré plus de deux mois. Il refuse, dit-il, sous prétexte d'être un homme, d'avoir le rôle de bricoleur. Il reprend à son compte la rengaine de maman: je ne suis pas née avec un fer à repasser au bout des mains. Résultat: le chauffe-eau ne marche toujours pas et nous ne portons que des vêtements froissés.

Extrait de: Smadja, Brigitte (1999): *Rollermania*. Paris: L'école des loisirs. 7.

 Überfliege den Text! Worauf könntest du dich konzentrieren, um dir eine erste Vorstellung davon zu machen, worum es geht?

Dieser Text ist der Anfang eines französischen Jugendromans. Von der Textgliederung (Absätze, Überschrift etc.) her erhältst du wenig Informationen. Allein der letzte Satz scheint etwas zusammenzufassen, was vorher erwähnt wurde (*Résultat: …*).
Um den Textinhalt zu verstehen, kann man sich auf die Person konzentrieren: Es gibt offensichtlich eine jugendliche Person, denn sie spricht von *papa* und *maman*. Welche typischen Situationen fallen dir für diese drei Personen ein?
Denkbar ist beispielsweise

- → ein Konflikt zwischen den Eltern und dem/der Jugendlichen,
- → ein Streit zwischen Mutter und Vater,
- → eine Auseinandersetzung zwischen einem Elternteil und einem weiteren Elternteil mit Kind.
- → …

 Lies den Text nun grob durch: Was passiert?

Du solltest dich nicht von unbekannten Vokabeln aufhalten oder entmutigen lassen. Versuche stattdessen, von bekannten Wörtern auszugehen. Vielleicht schaffst du es schon, auf die berühmten „W-Fragen" – **Wer? Was? Wann? Wo? Wie? Warum?** – zu antworten?
Eine (jugendliche) Hauptperson hat in ihrem Zimmer einen Spiegel (*miroir*), dessen Anbringung (*installer*) etwas mit dem Vater zu tun hat.
Auch die Mutter wird ins Spiel gebracht. Am Ende gibt es ein Ergebnis (*Résultat*): Etwas funktioniert nicht und die Hauptperson und jemand anders (*nous*) tragen eine bestimmte Sorte Kleidungsstücke (*vêtements froissés*). Das Wort *rôle* lässt aufhorchen: Geht es um ein Rollenproblem zwischen den Elternteilen?

> Gehe nun zu einer dritten genaueren Lektüre des Textes über und versuche ihn genau zu verstehen.

vgl. Kapitel **Hilfe aus dem Wörterbuch** S. 54 ff.

zu den Behaltenstechniken vgl. **INFO KOMPAKT** S. 124 f.

Bei diesem Arbeitsschritt ist es wichtig, ein Wörterbuch bereit liegen zu haben, um die Bedeutung unbekannter Wörter zu suchen. Unverzichtbar für ein genaues Textverständnis sind die Wörter *miroir*, *réclamer*, *refuser*, *prétexte*, *bricoleur*, *rengaine*, *fer à repasser*, *chauffe-eau* und *froissés*. Hingegen kannst du die Wörter *résistance* und *passive* sicherlich selbst erschließen: Die französische Widerstandsbewegung im 2. Weltkrieg hieß „la Résistance". *Passif, -ve* bzw. *actif, -ve* kennst du vermutlich aus dem Grammatikunterricht.

Neben der Suche nach der Bedeutung von Einzelwörtern kann es nützlich sein, bestimmte Wörter zu Wort- und damit Bedeutungsbündeln zusammen zu fassen. Du erkennst für den Vater ein Wortbündel mit den Worten *résistance passive* und *refuser*. Also: Der Vater hat lange Zeit etwas abgelehnt zu tun. *Sous prétexte de* bedeutet „unter dem Vorwand". Also: Unter dem Vorwand, ein Mann zu sein, hat er es abgelehnt, als der Handwerker (*bricoleur*) der Familie gebraucht zu werden.

Um den angesprochenen Bezug zur Rolle der Mutter zu verstehen, muss man die Bedeutung von *la rengaine* im Wörterbuch nachschlagen: Das Wort bezeichnet einen Schlager, aber auch „dieselbe Leier": Der Vater bezieht sich auf den immer wiederkehrenden Ausspruch der Mutter, die von sich sagt: „Ich bin nicht mit einem Bügeleisen auf die Welt gekommen."

So, allmählich lässt sich auch der letzte Satz vollständig verstehen: Der Wasserheizer funktioniert nicht, denn, so die Schlussfolgerung, der Vater hat keine Lust zum Reparieren. Außerdem sind die Kleidungsstücke ungebügelt, weil die Mutter nicht bügeln will.

Damit haben wir die wichtige Aussage des Textes verstanden und kehren jetzt noch einmal an den Anfang zurück: Der/Die Jugendliche schaut in den Spiegel, dessen Anbringung sie lange gefordert hatte: Der Vater hatte ihn erst zwei Monate später angebracht – und noch dazu ganz schief (*à travers*).

Illustration: Andi Wolff

Die drei Schritte zum Textverstehen

Es gibt ganz unterschiedliche Wege und Strategien, einen unbekannten Text zu verstehen. In manchen Fällen genügt dabei die Konzentration auf formale Hinweise wie die Textgestaltung oder Quellenangaben. Auch der Blick auf Schlüsselwörter und die Situation kann beim Verstehen helfen, ohne dass du Wort für Wort übersetzen musst. Das Textverstehen ist ein Vorgang, bei dem du mit deinem ganzen Vorwissen in eine Beziehung zu dem Text trittst.

MEIN VORWISSEN   **INFORMATIONEN DES TEXTES**

- … mein Wissen über bestimmte Textsorten.
- … meinen französischen Wortschatz.
- … mein Alltagswissen (z. B. erkenne ich Eigennamen).
- … mein Wissen über Handlungsmuster von Personen in bestimmten Situationen (Was tut eine Person meistens in der Situation X?).
- … mein Wissen über den französischen Satzbau.

Um einen Text zu verstehen, nutze ich …

- … Vorabinformationen (Textsorte, Absätze, Überschriften etc.).
- … Schlüsselwörter.

INFO KOMPAKT

① Den Text überfliegen

Vorabinformation: die Textgestaltung beachten und die Textsorte bestimmen
Quellenangabe: Zeitungsmeldung

Schlüsselwörter: wichtige Wörter erkennen
Überschrift: Ein Supermarkt wurde „attackiert", also überfallen.

Personen und Situationen: an typische Handlungsmuster denken
Supermärkte werden meist überfallen, weil jemand an Geld kommen will. Oft sind es Einzeltäter.

Wortschatz: sich an Vokabeln erinnern, die mit dem Wortfeld zu tun haben
le voleur, voler / une arme / casser / le butin (die Beute) / la fuite / fuir / la police / arrêter qn.

Un supermarché attaqué

Cinq malfaiteurs armés ont fait irruption hier matin dans le magasin d'alimentation ATAC de Jouy-en-Josas (Yvelines) avant de repartir avec 4000 euros. Portant tous des gants, ils se sont fait remettre vers 7h00 le contenu des tiroirs-caisse, avant de prendre la fuite. La police judiciaire de Versailles a été saisie de l'enquête.

Le Figaro, 30 décembre 2002

Erwartungen: Fragen überlegen, auf die der Text wahrscheinlich antwortet
Wer hat den Überfall getätigt? Wo und wann hat der Überfall stattgefunden? Wie war der Tathergang? Gab es Verletzte/Tote? Was war die Beute? Sind die Täter entkommen oder wurden sie festgenommen?

---

② Den Text grob lesen

W-Fragen beantworten: Wer? Was? Wann? Wo? Wie?

TÄTER: 5 Leute

TATZEIT: gestern Morgen (29.12.2002) gegen 7 Uhr

TATORT: Supermarkt in Jouy-en-Josas

BEUTE: 4000 Euro

TATHERGANG: Flucht (wohl keine Verletzten/Toten)

ERMITTLER: Kripo von Versailles ist an dem Fall dran

Un supermarché attaqué

Cinq malfaiteurs armés ont fait irruption hier matin dans le magasin d'alimentation ATAC de Jouy-en-Josas (Yvelines) avant de repartir avec 4000 euros. Portant tous des gants, ils se sont fait remettre vers 7h00 le contenu des tiroirs-caisse, avant de prendre la fuite. La police judiciaire de Versailles a été saisie de l'enquête.

Le Figaro, 30 décembre 2002

---

③ Den Text genau durchlesen

Vokabeln: die wichtigsten Wörter im Wörterbuch nachschlagen
armé,e – bewaffnet; *faire irruption* – plötzlich eindringen; *les gants (m. pl.)* – die Handschuhe; *le tiroir-caisse* – die Geldschublade einer Kasse; *saisir* – jem. mit etw. betrauen/jem. etw. übergeben; *une enquête* – eine Untersuchung

Wortbündel: Wörter zusammenfassen, die zusammengehören und den Text Satz für Satz durchgehen und verstehen

vgl. dein Textverständnis mit der Übersetzung im **Lösungsteil**

Vorläufige Festnahmen

In dem folgenden Text geht es um eine *interpellation*, eine vorläufige Festnahme, von Jugendlichen.

> ### Six interpellations à Vitry
>
> Six jeunes ont été interpellés à Vitry-sur-Seine (Val-de-Marne) dans la nuit de vendredi à samedi après les incendies de trois véhicules et de plusieurs poubelles. Ils ont été pris en flagrant délit de préparation d'engins incendiaires. La veille, sept voitures avaient déjà été incendiées et six jeunes majeurs arrêtés.

Quelle: *Le Journal du Dimanche*, 30 décembre 2002

1. Schau dir den Textauszug nur ganz kurz an! Woher stammt er wohl?

2. Vor dem ersten richtigen Lesen: Überlege dir, in welchem Zusammenhang eine vorläufige Festnahme erfolgen kann! Kreuze deine Vermutungen an bzw. ergänze die Liste!

Ich vermute, bei dem Text geht es um …
- ○ Fahren ohne Führerschein   ○ Erpressung
- ○ Umweltverschmutzung   ○ Beleidigung
- ○ Diebstahl   ○ _____
- ○ Einbruch   ○ _____
- ○ Vandalismus   ○ _____

3. Suche die Wörter aus der Wortliste heraus, die du in einem Text zu dem Thema „vorläufige Festnahme" erwartest, und unterstreiche sie.

> soleil · vieux · rivière · bleu · poubelle · nuit · crayon · livre · délit (Delikt, Vergehen) · écrire · arrêter · incendie (Brand, Brandstiftung) · jeune · manteau · feu · mineur (minderjährig) · majeur (volljährig)

4. Lies jetzt den Text und bearbeite danach die Punkte 5 bis 7!

5. Schreibe höchstens fünf unbekannte Vokabeln heraus! Suche ihre Bedeutung im Wörterbuch und schreibe sie auf!

_____
_____
_____
_____
_____

6. Überprüfe mit Blick auf den Text, ob die folgenden Aussagen zutreffen oder nicht!

vrai	faux	
○	○	Les jeunes ont été interpellés vendredi matin.
○	○	Les jeunes ont incendié trois voitures et une poubelle.
○	○	Les jeunes avaient préparé des objets incendiaires.
○	○	L'interpellation des jeunes est un cas unique.
○	○	Les six jeunes arrêtés sont majeurs.

7. Übersetze nun den gesamten Text!

Lucky Luke

Lucky Luke: Les Daltons en cavale

16.50 France 3
Morris, Bill Hanna et Joe Barbera

(Fr.-EU, 1983, 82 min).
Animation, avec les voix de Jacques Balutin, Richard Darbois, Marion Game.

Le fameux cowboy part à la recherche des célèbres forçats évadés. Les studios américains s'emparent du personnage pour l'édulcorer¹.

1 édulcorer – *in vereinfachter Form darstellen*

vgl.
INFO KOMPAKT
S. 48 f.

▶ **Versuche, den Text zu verstehen.**
  Die folgenden Stichwörter können dir helfen:

→ Textsorte
→ Textgliederung
→ „typische" Inhalte eines solchen Textes
→ Name des Cowboy?
→ Bedeutung der Wörter *animation*, *recherche*, *forçat*, *évadés*

L'avion

▶ Versuche, den Text zu verstehen! Gehe so vor, wie du es bei den Texten in diesem Kapitel gelernt hast!

TIPP Das Thema des Textes ist das Betreten eines Flugzeuges und das Suchen des Sitzplatzes. Vielleicht kennst du den Ablauf aus eigener Erfahrung?

L'embarquement d'un avion

Les passagers entrèrent dans l'Airbus des Transports Aériens Portugais par un corridor-tubulure[1], ce qui faisait qu'ils n'avaient pas du tout la sensation de monter dans un avion, mais simplement de se déplacer d'un lieu clos à un autre. La place d'Edmond se trouvait à l'arrière de l'engin, et non pas sur l'aile comme il l'avait craint pour la vue. Petit à petit le zinc[2] se remplissait et Eddie passait des paris mentaux[3] pour savoir quels seraient les voisins …

De sa place, il voyait venir de loin les entrants et, longtemps, ce fut le suspense. Vers la fin, il pensait qu'il serait seul de sa traversée de trois sièges fumeurs, quand une douce voix lui demanda en français :
- Excusez-moi, mais j'ai la place près du hublot[4]. A moins que vous ne préfériez pour la vue …
Edmond leva les yeux et un uppercut[5] lui bousilla[6] le ventre.

1 un corridor-tubulure – *ein röhrenartiger Zugang zum Flugzeug*; **2** le zinc – *das Flugzeug*; **3** passer des paris mentaux – *in Gedanken Wetten abschließen*; **4** le hublot – *das runde Flugzeugfenster*; **5** un uppercut – *Begriff aus dem Boxen: ein Aufwärtshaken*; **6** bousiller – *ici: schwer treffen*

Quelle: Delcour, Bertrand (19999): *Fausse donne à Lisbone*. Paris: Hachette Livre. 7.

Partnerstädte

In der **Übung 1**, S. 50, war die Rede von der Stadt Vitry-sur-Seine. Schau doch einmal auf die Webseite der Stadt, die in der Nähe von Paris liegt: **www.mairie-vitry94.fr**!

▶ **Welche vier Städte sind Partnerstädte von Vitry-sur-Seine?**

Das passé simple *(Le passé simple)*

In dem Text von **Übung 3** bist du auf einige Verformen gestoßen, die du vermutlich nicht kennst:

- → les passagers **entrèrent** …
- → ce **fut** le suspense …
- → une voix douce lui **demanda** …
- → Edmond **leva** les yeux
- → un uppercut lui **bousilla** le ventre

Vielleicht fällt dir außerdem auf, dass die Formen des **passé composé** ganz fehlen, obwohl der Text in der Vergangenheit spielt. Die Verbformen des Textes gehören zum **passé simple**. Dies ist eine Zeitform, die in bestimmten geschriebenen, vor allem in literarischen Texten die Formen des **passé composé** ersetzt.

→ Es sind Formen, die du nicht aktiv lernen musst. Du solltest sie aber verstehen und in der Lage sein, sie durch die Formen des **passé composé** zu ersetzen.

Die Endungen wechseln je nach der Verbgruppe, dem das Verb angehört. Unten findest du einige Verbformen des **passé simple** zur ersten Orientierung. Wenn du die Verbformen vergleichst, erkennst du typische Merkmale des **passé simple**.

faire:	je fis, nous fîmes, ils firent
voir:	je vis, nous vîmes, ils virent
mettre:	je mis, nous mîmes, ils mirent
écrire:	j'écrivis, nous écrivîmes, ils écrivirent
prendre:	je pris, nous prîmes, ils prirent
être:	je fus, nous fûmes, ils furent
avoir:	j'eus, nous eûmes, ils eurent
savoir:	je sus, nous sûmes, ils surent
pouvoir:	je pus, nous pûmes, ils purent
recevoir:	je reçus, nous reçûmes, ils reçurent

TIPP In der 1. und 2. Person Plural kannst du die Formen des *passé simple* gut erkennen: Sie haben einen *accent circonflexe* auf dem Vokal!

GRAMMATIKAUFGABE

▸ Unterstreiche die Formen des *passé simple* in dem Text von Übung 3, S. 52!

▸ Schreibe den Text noch einmal ab! Ersetze alle *passé simple*-Formen durch Formen des *passé composé*!

GRAMMATIK KOMPAKT

Hilfe aus dem Wörterbuch

Willst du einen französischen Text lesen oder selbst schreiben, brauchst du Wörter. Manche weißt du sofort, andere Wörter gehen einfach nicht in deinen Kopf. Schreibe einmal fünf von den Wörtern, die du dir nie merken kannst, auf ein Blatt Papier (du kannst diese Liste später wieder im Übungsteil gebrauchen). Was tun, wenn du ein unbekanntes Wort aber unbedingt brauchst? Klar, du schlägst es in einem Wörterbuch nach. Doch das ist gar nicht so einfach: Du musst das Wort im Wörterbuch finden, die Erklärung verstehen und das Wort dann auch richtig im Textzusammenhang verwenden. In diesem Kapitel erfährst du, wie du unbekannte Wörter leichter finden kannst.

▶ **Schau dir den Kasten unten an! Welche Wörter werden hier wohl erklärt?**

Es handelt sich um einen Auszug aus einem Wörterbuch für französische Kinder. Lies dir die Erklärungen durch und ordne sie den Wörter zu!

Erklärung ____ gehört zu dem Wort **caravane**, denn _____

Erklärung ____ gehört zu dem Wort **car**, denn _____

Erklärung ____ gehört zu dem Wort **caresser**, denn _____

Erklärung ____ gehört zu dem Wort **caramel**, denn _____

---

❶ 1. conjonction. Elle marque la raison, elle dit pourquoi. *Je ne suis pas venu à la réunion car j'étais malade.* 2. nom masc. Abréviation de autocar. Grand véhicule qui peut transporter beaucoup de personnes. *Mamie a fait un voyage en car.*

❷ nom masc. 1. Mélange d'eau et de sucre que l'on fait cuire jusqu'à obtenir un sirop brun. 2. Bonbon fait avec du sucre et de la crème.

❸ nom fém. 1. Groupe de voyageurs qui se réunissent pour traverser les déserts. *Les dromadaires avaient soif, la caravane s'est arrêtée à l'oasis.* 2. Véhicule aménagé en habitation et utilisé pour voyager ou camper. *Les forains vivent dans des caravanes.*

❹ verbe. Toucher tendrement avec la main une personne ou un animal. *Jérémie caresse son chien.*

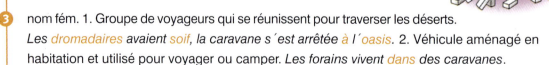

JE NE ME LAISSE JAMAIS CARESSER PAR UN HUMAIN. LE CHIEN DU FERMIER ME DIT QUE J'AI TORT. TU CROIS?

Quelle: *Mon premier dictionaire illustré* (2001). Editions du Cerf-Volant.17.

Tipps zur Anschaffung eines Wörterbuchs

Bevor du dir ein Wörterbuch kaufst, solltest du dir genau überlegen, welches für dich geeignet ist.

Welche Art von Wörterbuch?

Du brauchst sicherlich kein Bildwörterbuch wie auf S. 54 und auch kein Wörterbuch für Techniker oder ein anderes Spezialwörterbuch. Das Französisch, das du lernst, ist Alltagsfranzösisch.
Dein Wörterbuch soll Auskunft geben über
- → die Übersetzung eines Wortes,
- → die richtige Schreibung,
- → die richtige Aussprache,
- → die Wortbedeutung,
- → die treffende Verwendung oder auch
- → Wörter mit ähnlicher (Synonyme) oder gegensätzlicher Bedeutung (Antonyme).

Buch, elektronisches Taschenwörterbuch oder CD-ROM?

Du solltest dir überlegen, wo und wie du dein Wörterbuch nutzt:
Ein **Buch** kannst du mit in die Schule oder auf Reisen nehmen. Das ist bei einem elektronischen Taschenwörterbuch auch möglich, allerdings ist es natürlich teurer. Eine **CD-ROM** ist praktisch, wenn du viel am Computer arbeitest. Allerdings musst du immer den Computer hochfahren, auch wenn du nur ein einziges Wort nachschlagen willst. Hier geht das Nachschlagen im gedruckten oder elektronischen Wörterbuch sehr viel schneller.

Einsprachig oder zweisprachig?

Einsprachige Wörterbücher enthalten nur Erklärungen in der Fremdsprache.
Zweisprachige Wörterbücher geben für jedes französische Wort die deutsche Übersetzung an. Meist ist auch – in einem getrennten Teil – die umgekehrte Suche möglich, also von Deutsch zu Französisch.
In den ersten Lernjahren benötigst du ein zweisprachiges Wörterbuch, weil du noch zu wenig Französisch sprichst, um die einsprachigen Erklärungen zu verstehen.
Ab dem 4. Lernjahr ist dein Wortschatz schon recht groß. Spätestens dann solltest du versuchen, neben dem zweisprachigen auch ein einsprachiges Wörterbuch zu verwenden. Das einsprachige Wörterbuch enthält in der Regel mehr Beispiele für die treffende Verwendung eines Wortes in unterschiedlichen Situationen.
Übrigens, bei Klausuren und schriftlichen Abschlussarbeiten ist in der Regel nur ein einsprachiges Wörterbuch zugelassen.

Der Umfang

Ein Gang in die Buchhandlung zeigt dir, dass es unterschiedlich große, unterschiedlich teure und unterschiedlich umfangreiche Wörterbücher gibt.

Gute Wörterbücher im Kleinformat haben zwar oft bis zu **30.000 Einträge** (pro Übersetzungsrichtung) und stehen damit den großen Wörterbüchern kaum nach. Aber sie beschränken sich oft auf die Angabe der Wortart, der Aussprache und der Übersetzung. Außerdem kannst du natürlich sehen, wie das Wort geschrieben wird. Diese Wörterbücher bieten aber keine Beispiele, die zeigen, welche unterschiedlichen Bedeutungen ein Wort hat und wie es verwendet wird.

Für Aufgaben, bei denen du selbst Texte schreibst, wären also Wörterbücher hilfreich, die **zahlreiche Beispiele** aufführen. Solche Wörterbücher haben sehr oft auch eine nützliche **Liste der Verben** und einen **Grammatikteil**.

Natürlich kannst du deinen Lehrer/deine Lehrerin nach einer Empfehlung fragen.

Gehe doch zusätzlich einmal mit der Checkliste in eine Buchhandlung und suche in verschiedenen Wörterbüchern nach den folgenden Stichwörtern.

- → **chanter**
- → **fatigué**
- → **après que**
- → **Verlust**
- → **annehmen**

CHECKLISTE: Wörterbuch

1. Findest du das Wort problemlos?
2. Ist der Textabschnitt zu dem Wort übersichtlich gegliedert?
3. Kannst du die Abkürzungen schnell deuten?
4. Ist die Erklärung für das Wort verständlich?
5. Sind die Beispiele verständlich und hilfreich, um die Verwendung des Wortes zu verstehen?
6. Gibt es in dem Wörterbuch eine Verbliste und einen Grammatikteil?

Der Aufbau eines Wörterbucheintrags

Zu jedem Wort, das du im Wörterbuch suchst, gibt es verschiedene Informationen in einem Textabschnitt. Man spricht von einem „Wörterbucheintrag". An den folgenden beiden Beispielen siehst du, welche Informationen du in einsprachigen Wörterbüchern innerhalb eines Wörterbucheintrags findest.

BEISPIEL 1

Discothèque *nf* **1** Collection de disques enregistrés; endroit, meuble où on les conserve. **2** Organisme d'archivage, de prêt de disques. **3** Etablissement où l'on peut écouter des disques et danser, boîte de nuit. DER **discothécaire** n.

Quelle: *Dictionnaire Hachette*. Ed. 2003. Paris: Hachette Livre. 478.

BEISPIEL 2

DISCOTHÈQUE [diskɔtɛk] n.f. UNE DISCOTHÈQUE **1.** Lieu où sont entreposés des disques que l'on peut emprunter. *La discothèque de mon quartier a un très bon choix de disques de musique de films.* **2.** Lieu où l'on peut écouter des disques et danser. *Ils sont allés danser dans une discothèque.* → **boîte**. **3.** Collection de disques. *Sa fille a une discothèque bien fournie.*

Quelle: *Dictionnaire du Français. Référence Apprentissage* (1999). Paris: Clé International. 299.

Wie du siehst, gestaltet jedes Wörterbuch die Informationen anders. Die Wörterbücher unterscheiden sich auch im Umfang der Erklärung. Welcher Wörterbucheintrag gefällt dir besser?

BEISPIEL 1
Der erste Wörterbucheintrag
→ gibt die Wortart und das Geschlecht an: „n.f." bedeutet, dass es sich um ein Nomen (Substantiv) handelt, das weiblich (feminin) ist.
→ gibt drei Bedeutungen des Wortes an: 1. die persönliche Plattensammlung, 2. das Geschäft, in dem man Platten ausleihen kann und 3. den Ort, an dem man Musik hören und tanzen kann.

Schließlich findest du noch den Hinweis auf ein Wort, das aus dem Wort *discothèque* abgleitet wird, wobei DER für *dérivé* (abgeleitet) steht, nämlich der Diskothekenbesitzer, französisch *discothécaire*.

Der Artikel ist kurz, klar aufgebaut und sprachlich gut zu verstehen. Allerdings hat er zwei Schwächen: Man sucht vergeblich einen Hinweis auf die Aussprache, und er bringt nur ein Anwendungsbeispiel.

BEISPIEL 2
Der zweite Wörterbucheintrag dagegen gibt zu jeder der drei Wortbedeutungen ein Beispiel. Außerdem verweist der Pfeil auf *boîte de nuit* und gibt dir den Tipp, auch bei diesem Wörterbucheintrag nachzusehen, denn eine discothèque wird umgangssprachlich auch oft als boîte bezeichnet. *Boîte* ist ein Synonym.

Insgesamt ist der zweite Wörterbucheintrag ausführlicher und bietet mehr Informationen.

Einen Text lesen – Wörter nachschlagen

Du kannst das Wörterbuch zum Verstehen eines Textes nutzen.

TIPP
▶ Das Nachschlagen im Wörterbuch kostet immer Zeit. Schlage deshalb nur die Wörter nach, deren Bedeutung du wirklich nicht herausbekommst (z. B. aus dem Textzusammenhang).
▶ Es klingt ganz einfach, ist aber wichtig: Je besser du das Alphabet kannst, desto schneller findest du ein Wort. Wenn du merkst, dass du doch länger brauchst, um ein Wort alphabetisch zu finden, klebe doch kleine Marker in dein Wörterbuch. Auf die Marker schreibst du die Buchstaben des Alphabets und klebst sie an die Seiten, wo jeweils der Teil mit dem betreffenden Buchstaben beginnt.

Le chien à la plage

Comme tous les rêves de chien, les <u>siens</u> lui font <u>revivre</u> les meilleurs moments de sa vie. Les meilleurs et les autres. Toute sa vie, quoi. En <u>désordre.</u> Ses courses contre les <u>mouettes</u>, par exemple, sur le bord de la mer, à Nice.
<u>Allongé</u> sur la plage, Le Grand Musc <u>ricanait</u> <u>bêtement</u>.
– Regarde-moi cet <u>escogriffe</u>, même pas <u>fichu</u> d'<u>attraper</u> une mouette, et toute sa vie, il continuera à les <u>courser</u>!
C'était vrai. Mais ce que le Grand Musc <u>ignorait</u>, c'est que le chien savait très bien qu'il n'attraperait jamais aucune <u>mouche</u>. Et les mouettes savaient qu'elles ne couraient aucun danger avec lui.

<small>Extrait de Pennac, Daniel (1994): *Cabot-Caboche*. Paris: Nathan. 11.
© NATHAN (Paris, France) 2004</small>

 Schau dir den Text an! Worum geht es?

Der Text handelt von einem Hund (*le chien*), der sich am Strand von Nizza mit seinem Besitzer (*Le Grand Musc*) befindet. Um den Text ganz genau zu verstehen, gehst du am besten in den folgenden Schritten vor:

1. Schritt: Unbekannte Wörter unterstreichen
Vielleicht haben wir mehr Wörter unterstrichen als man notwendiger Weise im Wörterbuch suchen muss. Denn *vivre* (leben) kennst du vermutlich, und die Vorsilbe „re-" bedeutet im Französischen „wieder". Also: *revivre* kann man über die Wortbildung erschließen. Es bedeutet „etwas wieder erleben". Auch *désordre* braucht man nicht nachzuschlagen, denn *ordre* heißt „Ordnung" und die Vorsilbe „de-" weist auf das Gegenteil hin, also „Unordnung".

2. Schritt: Die Wörter alphabetisch ordnen
Damit du beim Nachschlagen nicht von vorne nach hinten und wieder nach vorne springen musst, ordnest du die Wörter zunächst einmal alphabetisch:
allongé · attraper · bêtement · courser · escogriffe · fichu · ignorer · mouche · mouette · ricanait · siens

3. Schritt: Die Wörter im Wörterbuch nachschlagen

Wenn du in einem zweisprachigen Wörterbuch nachschaust, wirst du wahrscheinlich schnell die Bedeutungen der Wörter finden. Versuche es doch einmal mit dem einsprachigen Wörterbuch!

allongé: Von der Wortform her und von der Position der Vokabel im Text weißt du, dass es sich um ein Partizip der Vergangenheit handelt. In dem Wörterbuch findest du die Erklärung *étendu, couché*, die uns schon etwas weiterhilft. Aber dann gibt uns das nachfolgende Beispiel die Gewissheit: *Vous êtes fatigué, il faut rester allongé* – *allongé* bedeutet „liegend".

attraper: *prendre, atteindre, saisir* und *surprendre* sind Verben, die im dem Wörterbuchartikel auftauchen. Etwas „nehmen, indem man es erreicht", das ist die einzige gedankliche Richtung, in die wohl gedacht werden muss.

bêtement: Die Endung *-ment* sowie die Wortstellung im Anschluss an ein Verb verweist auf ein Adverb. Also darfst du nicht bei dem Eintrag für das Substantiv *bête* suchen. Es gibt noch einen zweiten Wörterbucheintrag für *bête*, und hier handelt es sich um ein Adjektiv, wie du an der Abkürzung „adj." erkennen kannst. Hier stößt du auf einzelne Beispiele wie *il est bête comme ses pieds*. Durch *idiot* wird klar: *bête* ist mit „dumm" zu übersetzen.

courser: Du gehst im Wörterbuch zum Buchstaben „c" und suchst vergeblich einen Eintrag zu *courser*? Auch das kann passieren. Aber Einträge zu *course* sind da. So versuchst du am besten, aus dem, was du aus dem Wörterbucheintrag und dem Text verstehst, die Bedeutung zu erschließen. Es hat irgendetwas mit einer sportlichen Aktivität zu tun. Vielleicht wird die Bedeutung später im Zusammenhang klar. Schlage doch erst einmal die anderen Wörter nach!

escogriffe: Ein merkwürdiges Wort. Der Wörterbucheintrag macht nur klar, dass es sich um eine Bezeichnung für einen Menschen handelt.

fichu: Du kannst in dem Wörterbucheintrag den Verweis auf *mauvais* finden: Das Wort bedeutet „schlecht".

ignorer: *ne pas savoir, ne pas connaître* gibt das einsprachige Wörterbuch an. Das ist prima, denn das versteht man: *Ignorer* muss also heißen „etwas nicht wissen".

mouche: Dieses Wort kommt sehr häufig im Text vor. Es muss wohl etwas mit dem Strand zu tun haben (→Nizza, *plage*). Aus dem langen Eintrag mit vielen Beispielen verstehst du vielleicht nur, dass es sich um ein Insekt handelt. Das reicht erst einmal.

mouette: *oiseau de taille moyenne, au plumage gris pâle … qui vit au bord de la mer …* Das Wort *oiseau* kennst du. Ein Vogel, der am Meer lebt – wahrscheinlich heißt das Wort „Möwe". Und jetzt wird auch *courser* klar: „rennen" und im Textzusammenhang „hinter Möven herrennen".

ricanait: Es ist eine Verbform im *imparfait*. Wie ist der Infinitiv? Schau doch einmal auf der Seite im Wörterbuch nach, auf der die Wörter mit *rican-* beginnen. Du siehst, *ricanir* oder ähnliche Formen gibt es nicht, wohl aber *ricaner*. Dort steht *rire bêtement* – also „dumm lachen".

siens: Du stößt zuerst auf die Singularform *sien*, die als *pronom possessif* ausgewiesen wird. Ganz am Ende findest du die Pluralform mit dem Beispiel *les siens: ses amis*. Also muss das Wort bedeuten „die Seinen". Im Text also „seine Träume", nämlich die Träume des Hundes.

4. Schritt: Den gesamten Text verstehen

Mit den herausgesuchten Wörtern kannst du nun den Text genau lesen und verstehen. Aber du hast auch gemerkt, dass dir das Wörterbuch manchmal nicht hundertprozentig hilft. Du musst – auch bei der Benutzung eines Wörterbuches – aktiv mitdenken und Vermutungen über die Wortbedeutung in diesem Text anstellen. Nur du hast deinen besonderen Text vor Augen.

Einen Text schreiben – Wörter nachschlagen

Bestimmt kennst du die Aufgabe, zu Hause einen Text zu schreiben, sei es einen Brief, eine kleine Geschichte oder eine Stellungnahme zu einem Thema. Auch bei dieser Aufgabe kann dir ein einsprachiges oder zweisprachiges Wörterbuch helfen. Du willst z. B. ein Ferienerlebnis erzählen.

1. Schritt: Eine Inhaltsskizze mit Schlüsselwörtern schreiben
In einer Inhaltsskizze notierst du kurz, was du erzählen möchtest. Anschließend unterstreichst du die Schlüsselwörter, deren Übersetzung du unbedingt brauchst.

> *Es gab ein furchtbares <u>Unwetter</u> am Urlaubsort. Es regnete den ganzen Tag, die Häuser wurden <u>überschwemmt</u> und dicker <u>Schlamm</u> <u>verschmutzte</u> die Straßen des Urlaubsortes. Die <u>Stromversorgung</u> wurde unterbrochen. Glücklicherweise hatten einige Personen ein <u>Handy</u>. Damit konnte die <u>Feuerwehr</u> aus dem <u>Nachbarort</u> <u>alarmiert</u> werden.*

2. Schritt: Die Wörter alphabetisch ordnen
Eine alphabetische Auflistung hilft, um Zeit raubendes Hin- und Herschlagen im Wörterbuch zu vermeiden.

alarmieren · Feuerwehr · Handy · Nachbarort · Schlamm · Stromversorgung · überschwemmen · Unwetter · verschmutzen

3. Schritt: Die Wörter im Wörterbuch nachschlagen
Nimm ein zweisprachiges Wörterbuch Deutsch-Französisch zur Hand! Lege aber auch ein einsprachiges Wörterbuch bereit, das dir bei Unklarheiten in der Verwendung des Wortes hilft.

 TIPP
- Du solltest flexibel sein – und dich nicht stur auf ein Wort festlegen! Das Nachschlagen im zweisprachigen Wörterbuch hat gezeigt, dass man nicht immer genau das Wort findet, das man sucht.
- Es ist nicht immer ganz klar, welche Übersetzung man nehmen soll. Deshalb ist das zusätzliche Nachschlagen im einsprachigen Wörterbuch hilfreich.
- Das einsprachige Wörterbuch kann auch bei grammatischen Unsicherheiten wertvolle Hilfen geben – z. B. mit den Tabellen und Beispielen zum Konjugieren.

alarmieren: Im zweisprachigen Wörterbuch werden zwei Wörter als Übersetzung angeboten: *alerter* („zu Hilfe rufen, warnen") und *alarmer* („beunruhigen"). Du neigst wahrscheinlich zu der Verwendung von *alerter*, aber hier liegt ein Fall vor, wo man zur Sicherheit noch einmal das einsprachige Wörterbuch befragen kann. Die Eintragungen zu den beiden französischen Wörtern bestätigen, dass *alerter* zutreffend ist, denn *alarmer* bedeutet eher „jmd. beunruhigen".

Feuerwehr: Du findest *les pompiers*, ein Wort, das männlich ist, aber immer im Plural gebraucht wird. Und das Wörterbuch führt sogar den ganzen Ausdruck „die Feuerwehr alarmieren" auf. Hier wird anstelle von *alerter* ein anderes Verb, nämlich *appeler les pompiers* benutzt.

Handy: Kein Zweifel. Im Französischen heißt der Apparat *téléphone portable* und ist männlich.

Nachbarort: Du findest nur den Eintrag „Nachbardorf"? Das macht nichts, versuche es mit diesem Ausdruck: *village voisin*.

Schlamm: Es geht um „aufgeweichte Erde", und dieser Hinweis erlaubt dir, die zutreffende Übersetzung *la boue* zu finden.

Stromversorgung: *alimentation en courant électrique* gibt das zweisprachige Wörterbuch an. Du kannst dich in dem einsprachigen Wörterbuch sowohl unter *alimentation* als auch unter *courant* vergewissern: Die Übersetzung stimmt.

überschwemmen: Die Übersetzung scheint recht klar zu sein. Es wird das Verb *inonder* angegeben. Zusätzlich wird darauf verwiesen, dass man dies auch im übertragenen Sinn verwenden kann.

Unwetter: Das zweisprachige Wörterbuch bietet die Auswahl zwischen „Gewitter" (*orage*) und „Sturm" (*tempête*). Aber Unwetter meint doch etwas anderes! Auch der Blick im einsprachigen Wörterbuch unter *orage* und *tempête* führt nicht zu einem Wort, das eine Übersetzung für „Unwetter" sein könnte. Im Französischen gibt es diesen Begriff wohl nicht. Also musst du mit den beiden Substantiven arbeiten.

verschmutzen: Du stößt auf *salir*. Wenn du nicht genau weißt, wie das Verb konjugiert wird, schaue doch in das einsprachige Wörterbuch. Vielleicht sind hier Beispiele, die helfen können. In der Tat gibt es den Hinweis *conjugaison 2*. Es gehört also zur Gruppe der Verben, die wie *finir* konjugiert werden. Die Tabelle im einsprachigen Wörterbuch führt die Formen der verschiedenen Zeiten auf.

4. Schritt: Den Text schreiben

Du kannst nun mit deiner Inhaltsskizze und der Wörterliste den ganzen Text schreiben:

> Cette année, nous avons passé nos vacances en Ardèche. Tout était bien agréable et nous profitions tous les jours du beau temps. Mais un jour, un orage terrible a éclaté. Il a plu toute la journée et beaucoup de maisons ont été inondées. La boue a sali tout le village et l'alimentation en courant électrique a été interrompue.
> Heureusement beaucoup de touristes avaient des téléphones portables. Cela a permis d'alerter les pompiers du village voisin.

GRAMMATIK KOMPAKT

Das Imperfekt und das Perfekt
(L'imparfait et le passé composé)

In dem Text auf S. 61 unten über dein Ferienerlebnis, das du beschreibst, treten Verbformen im *imparfait* und im *passé composé* auf. Erinnerst du dich noch, wann man die eine und wann man die andere Tempusform verwendet?
Hier sind noch einmal die wichtigsten Regeln zur Verwendung:

verwende das

imparfait

1. bei wiederkehrenden Handlungen
2. bei Zustandsbeschreibungen
3. bei der Darstellung von Begleitumständen und Hintergrundinformationen

Signalwörter
autrefois, le dimanche, tous les jours, ...

passé composé

1. bei einer einmaligen Handlung
2. bei aufeinander folgenden Handlungen
3. bei zeitlich begrenzten Handlungen

Signalwörter
tout à coup, à ... heures, un jour, ...

GRAMMATIKAUFGABE

▶ Ordne die Verbformen aus dem kleinen Text zu dem Ferienerlebnis (S. 61 unten) der Spalte *imparfait* oder der Spalte *passé composé* zu! Prüfe anschließend, wieso die Verbformen eingesetzt wurden und schreibe die Nummer der Regel daneben!

imparfait	Regel
était	
profitions	
avaient	

passé composé	Regel
avons passé	
a éclaté	
a plu	
ont été	
a suivi	
a été	
a promis	

Wörter nachschlagen

Einen Text lesen

1. Unbekannte Wörter unterstreichen
2. Die Wörter alphabetisch ordnen
3. Die Wörter im Wörterbuch nachschlagen
4. Den gesamten Text verstehen

Einen Text schreiben

1. Eine Inhaltsskizze mit Schlüsselwörtern schreiben
2. Die Wörter alphabetisch ordnen
3. Die Wörter im Wörterbuch nachschlagen
4. Den Text schreiben

INFO KOMPAKT

1 Alphabet

▶ Ordne die Wörter in alphabetischer Reihenfolge.

laine · papier · carton · grenouille · griffer · camion · coin · tomate · talent · yeux · jeu

1. camion
2. carton
3. coin
4. grenouille
5. griffer
6. jeu
7. laine
8. talent
9. tomate
10. papier
11. yeux

2 Definitionen-Wirrwarr

▶ Schlage die Wörter im Wörterbuch nach: Bestimme, welche Definition zutreffend ist.

sage-femme

- ○ femme très intelligente
- ○ femme qui assiste des femmes pendant l'accouchement (Geburt)
- ○ vieille femme

similitude

- ○ quelque chose qui se passe en même temps
- ○ grande ressemblance entre personnes ou objets
- ○ une très petite chose

3 Wortsuche

▶ Suche in dem Wörterbuch das Wort, auf das die Definition zutrifft:

mouvement précis pour garer une voiture

une man _____

un instrument pour couper quelque chose

un cou _____

être joyeux, jubiler

se ré _____

4 Fahrrad

▶ Suche im Wörterbuch die französischen Wörter (mit Artikel) für die Teile des Fahrrades!

1 _____
2 _____
3 _____
4 _____
5 _____
6 _____

... 5 Frankreich-Rallye

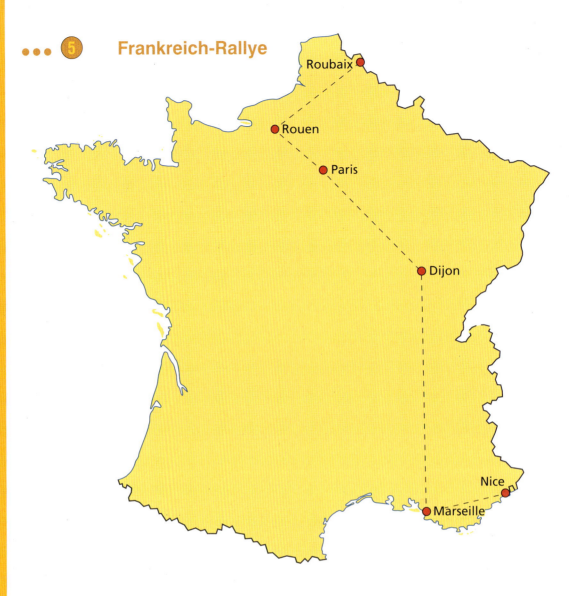

▶ Versuche, die Fragen mit dem ein- oder zweisprachigen Wörterbuch zu beantworten!

 Start

1. Wir beginnen unsere Frankreich-Rallye in dem Ort **Roubaix** im Norden Frankreichs. Dort gibt es eine bekannte Buchhandlung, die übersetzt den Namen trägt „Der Fuchs des Nordens". Wie heißt die Buchhandlung auf Französisch?

   _____

2. Welche Hilfe gibt das Wörterbuch zur Aussprache des Wortes „**Fuchs**" auf Französisch? Schreibe das Wort in Lautschrift!

   _____

3. Von dort geht die nächste Etappe in den Geburtsort der Freiheitskämpferin **Jeanne d'Arc**. Es ist **Rouen**. Der Name dieser Stadt reimt sich mit dem französischen Wort *roulant*. Suche im Wörterbuch nach *roulant* und erkläre, was ein *tapis roulant* ist! Ein **tapis roulant** ist **kein** fliegender Teppich sondern …

   _____

4. Rouen liegt an der Seine. Dieses Wort spricht man genauso aus wie den Teil eines Theaterstücks. Es gibt Akte und Szenen. Wie heißt „**Theaterszene**" auf Französisch?

   _____

5. Die Akzente machen immer wieder Probleme bei der Rechtschreibung. Welcher Akzent war denn auf dem französischen Wort für **Szene**? Und wie heißen die anderen Akzente?

   _____

6. Da wir schon bei Unterschieden sind … Suche mit Hilfe des Wörterbuches die Gegensätze (*Antonyme*) der folgenden Wörter!

   large _____

   poli   _____

   rond   _____

   sucré _____

   cher   _____

   fidèle _____

7. Du fährst nun nach **Paris**, wo es schöne Einkaufshäuser mit vielen interessanten Sachen gibt. Du hattest dir zu Hause einen Einkaufszettel geschrieben, aber die Verkäuferin spricht nur Französisch. Also, wirf schnell einen Blick in das Wörterbuch und finde die Übersetzungen!

   Armbanduhr _____

   Kalender   _____

   Sonnenbrille _____

   Parfum   _____

   Wörterbuch _____

8. Von Paris fahren wir nach **Dijon**, der Stadt, die bekannt ist für die Herstellung von Senf. Auf der Fahrt informierst du dich auf der Internet-Seite des **Senf**-Herstellers Maille (**www.maille.com**) über die Geschichte und die Herstellung von Senf. In der schönen Boutique von **Maille** willst du einen Topf Senf kaufen und sagst zu der Verkäuferin:

Bonjour Madame, je voudrais un _____ de _____ , s'il vous plaît.

9. Da es in Dijon noch viel zu kalt ist, nehmen wir den **TGV** Richtung **Marseille**. In der Provence fliegen die lilafrbenen Lavendelfelder an uns vorbei. Aber was heißt **Lavendel** auf Französisch?

_____

10. Als wir in Marseille ankommen, stellen wir fest, dass nur wenige Leute die für das Französische so typischen Nasallauten sprechen. Benutze die Tabelle der phonetischen Umschrift in deinem Wörterbuch und schreibe in Lautschrift, wie die folgenden Wörter eigentlich auszusprechen sind.

	Standardaussprache
le vin	
demain	
soudain	
un	

> zur Lautschrift vgl. **INFO KOMPAKT** S.131

11. Von Marseille begeben wir uns an die Côte d'Azur, nach **Nizza**. Nein, wir treffen am Strand weder *le chien* noch *Le Grand Musc* aus unserem Beispieltext. So ein blaues Meer hast du bestimmt noch nicht gesehen, oder? Schau doch einmal im Wörterbuch nach, was man unter den folgenden Ausdrücken versteht:

une peur bleue _____

un bifteck bleu _____

12. Nizza gefällt uns so gut, dass wir beschließen, die Reise nicht weiter fortzusetzen, am Strand zu bleiben und täglich in der Tageszeitung „**Nice matin**" zu blättern. Versuche, den Unterschied zwischen *le matin* und *la matinée* zu beschreiben. Auch hier kann der Blick ins Wörterbuch helfen.

_____

_____

13. Stell dir vor, du liegst am Mittelmeerstrand: An was denkst du bei dem Blick auf das **Meer**? Ja genau, an deine Wortliste vom Anfang dieses Kapitels. Das ist der Augenblick, um die französische Übersetzung dieser Wörter zu suchen und dir einen Merkzettel zu schreiben! Diesen Merkzettel kannst du dir übrigens auch in dein Wörterbuch kleben!

Meine Lieblingswörter	Übersetzung
1	
2	
3	
4	
5	

Dijon

Auf der Rallye haben wir Dijon schon kurz gestreift, die Stadt, die bekannt für die Herstellung von Senf ist. Die Stadt hat aber auch ein sehr schönes Museum der Schönen Künste. Schau einmal auf die Seite der Stadt www.dijon.fr.

▶ **Wann wurde das Museum der Schönen Künste in Dijon gegründet?**

Im Museum der Schönen Künste in Dijon

Mit System zum eigenen Text

Erinnerst du dich noch daran, wie du in deiner Muttersprache schreiben gelernt hast? Da waren zuerst Buchstaben, dann Wörter und dann ganze Sätze. Zuerst sahen deine Wörter etwas krickelig aus. Aber mit der Zeit und einiger Übung bekamst du immer mehr Sicherheit, und deine Schrift wurde flüssiger. Und jetzt lernst du, französische Texte zu schreiben – fängst an mit Wörtern und einfachen Sätzen, bis hin zum fertigen Text. Manchmal bist du vielleicht enttäuscht oder wütend, weil dein Text wegen der Schreibfehler schlecht bewertet wurde. Aber du solltest dich nicht entmutigen lassen. Mit jedem Text, den du schreibst, wirst du besser. In diesem Kapitel lernst du Regeln und Techniken kennen, die dir helfen, Sicherheit zu bekommen.

 Schau dir die Abbildung an! Es handelt sich um eine Postkarte. Kannst du das Sechseck (l'hexagone) erkennen, das Frankreich darstellt?

Pascale Godard © Editions Cartes d'Art

Am besten fangen wir gleich einmal mit dem Schreiben an. Stelle dir vor, du bist in Frankreich in den Ferien und schreibst deinem französischen Freund oder deiner französischen Freundin diese Postkarte. Das Motto ist klar: *Ici, tout va bien!* – du fühlst dich prima. Formuliere doch einmal die Anrede, dann einige Einzelheiten und schließe mit einem *Salut* und deinem Vornamen.

Notizen

Der Schreibanlass bestimmt die Form

Aus welchen Anlässen schreibst du auf Französisch? Klar, um die Schularbeiten zu machen. Zwar übst du damit das Schreiben, aber eine Schreibsituation wie im „echten" Leben ist dies oft nicht.

Kreuze an, welches für dich richtige Schreibanlässe sind.

Schreibanlässe

- ( ) eine Notiz ins Tagebuch schreiben
- ( ) einen Brief an einen Freund/eine Freundin schreiben
- ( ) eine eigene Geschichte, einen Liedtext oder ein Gedicht schreiben
- ( ) eine Postkarte schreiben
- ( ) einen Lebenslauf schreiben
- ( ) eine Bewerbung schreiben
- ( ) ein Zimmer reservieren
- ( ) einen Leserbrief schreiben
- ( ) Notizen zu Gehörtem oder Gelesenem machen

Du hast sicherlich gemerkt, dass in der linken Spalte „private" und in der rechten Spalte „offizielle" Schreibanlässe verzeichnet sind. Beim „privaten" Schreiben hast du mehr Freiheit in der Form. Beim „offiziellen" Schreiben sind bestimmte Regeln zu beachten. Das sind bestimmte formale und sprachliche Einzelheiten, zu denen wir dir im Folgenden einige Informationen und Tipps geben.

> zur Rechtschreibung vgl. Kapitel **Schär Müsjö Schirak** S. 88 ff

Jeder Text, den du schreibst, hat einen **Adressaten**. Das kann eine bestimmte Person sein, es kann sich auch um eine Institution handeln. Dein Text wird immer mit einer bestimmten **Absicht** geschrieben, die den **Inhalt** deines Textes bestimmt. Die folgende Übersicht verdeutlicht diesen Zusammenhang.

Textsorte	Adressat	Absicht	Inhalt
Tagebuch	die eigene Person	notieren	Gefühle und Erlebnisse
privater Brief	ein(e) Bekannte(r)	informieren, unterhalten	persönliche Erlebnisse
Geschichte/ Liedtext/Gedicht	eine andere Person	unterhalten	persönliche Erlebnisse, Gedanken, Gefühle
Lebenslauf	eine andere Person	informieren	biografische Fakten
Bewerbungsschreiben	eine andere Person	informieren, überzeugen	eigene Interessen und Qualifikation
Reservierung	eine andere Person	informieren, auffordern	Informationen und Aufforderung
Notizen	die eigene oder eine andere Person	notieren, zusammenfassen	Informationen und Fakten

Wichtig für dich ist zu wissen, dass das Schreiben eines Textes von dir Vorüberlegungen verlangt. Je präziser du dir darüber klar bist, an wen, mit welcher Absicht und mit welchem Inhalt du schreibst, desto genauer triffst du die formalen Besonderheiten des Textes – der Textsorte – und desto leichter fällt es dir auch, überzeugend zu schreiben.

Decke die rechte, blaue Spalte der Beispiele mit einem Blatt Papier zu! Vielleicht findest du selbst die Textsorte, den Adressaten, die Absicht und die sprachlichen Mittel?

BEISPIEL 1

Attention, ne mets pas tes mains sur la porte. Tu risques de te pincer[1].

Schild in der Pariser Metro

Textsorte	Sachtext
Adressat	Benutzer der Metro
Absicht	vor Unfällen warnen
sprachliche Mittel	Befehlsform

[1] pincer – *die Finger klemmen*

BEISPIEL 2

L'Amiral
L'amiral Larima
Larima à quoi
la rime[2] à rien
l'amiral Larima
l'amiral Rien.

Quelle: Prévert, Jaques (1972), in: Paroles. Paris: Coll. Folio. 228.

Textsorte	Gedicht
Adressat	Leser/in
Absicht	unterhalten, belustigen
sprachliche Mittel	Wortspiel: la rime, rimer à[3]

[2] la rime – *der Reim*
[3] rimer à – *sich reimen auf*

BEISPIEL 3

Accident: trois personnes ont été grièvement[4] blessées à Paris, mardi 3 août, lors de la chute de la cabine d'un ascenseur. L'accident s'est produit au 94, boulevard Sébastopol, dans le 3e arrondissement. La cabine est tombée de cinq étages.

Quelle: *Le Monde*, 5 août 2004. 8.

Textsorte	Sachtext
Adressat	Zeitungsleser/in
Absicht	Information
sprachliche Mittel	genaue Angaben von Einzelheiten (Ort, Zeit, Folgen des Zwischenfalls)

[4] grièvement – *schwer*

BEISPIEL 4

Seyrac, le 21 août
Chère maman,
J'ai commencé à t'écrire hier, et puis je n'ai pas trouvé les mots parce que j'avais la fièvre et que j'étais un peu triste, alors je t'écris aujourd'hui et j'espère que tu vas bien.

Auszug aus: Arrou-Vignod, Jean-Philippe (1998): *Léo des villes, Léo des Champs.* Ed. Thierry Magnier. 121.

Textsorte	Brief
Adressat	Mutter
Absicht	persönliche Mitteilung
sprachliche Mittel	direkte Anrede

Von den Gedanken zum Text – Einen Brief schreiben

Du weißt nun, dass der Adressat sowie die Mitteilungsabsicht den Inhalt und die Form eines Textes bestimmen. Doch wie gehst du genau vor, wenn du einen Text schreiben willst? Dazu einige Tipps am Beispiel „einen Brief schreiben".

1. Schritt: Den Adressaten festlegen
Du entscheidest zunächst, wem du schreiben willst. Du möchtest beispielsweise deiner Freundin Geneviève in Frankreich schreiben.

2. Schritt: Die Absicht bestimmen
Du möchtest ihr von deinem Aufenthalt in Nizza berichten – über die Stadt und über das Wetter. Dann möchtest du noch sagen, wann du wieder nach Hause fährst.

3. Schritt: Schlüsselwörter in einer Mind-map ordnen
Zuerst legst du eine Liste mit Schlüsselwörtern an, die in deinem Brief vorkommen sollen. Falls dir bestimmte Wörter des Französischen fehlen, schlage im zweisprachigen Wörterbuch nach. Hier siehst du ein Beispiel für eine Liste mit Schlüsselwörtern:

> vgl. Kapitel
> **Hilfe aus dem Wörterbuch**
> S. 54 ff.

le ciel bleu · les chaises bleues · le Boulevard des Anglais · le jogging · les rollers · les cyclistes (die Fahrradfahrer) · les touristes · le Vieux Nice (die Altstadt von Nizza) · la circulation · la pollution (die Verschmutzung) · les palmiers (die Palmen) · les Italiens · retour: le 23 juillet

Die Schlüsselwörter schreibst du erst einmal so auf, wie sie dir einfallen. In einem zweiten Schritt überlegst du, welche Wörter inhaltlich miteinander in Beziehung gebracht werden können. Dazu ist die Anfertigung einer **Mind-map** ein gutes Vorgehen. Wie das geht? Für eine Mind-map stellst du einen Begriff wie in unserem Beispiel „Nizza" in den Mittelpunkt und ordnest die Schlüsselwörter um diesen Begriff. Zusätzlich aber – und hier liegt der Vorteil – benutzt du Pfeile und andere Symbole, um die Verknüpfungen zwischen den Wörtern zu verdeutlichen.

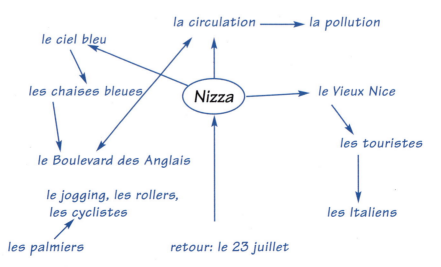

4. Schritt: Passende sprachliche Ausdrücke sammeln

Zu einem Brief gehören natürlich bestimmte **Anrede-** und **Schlussformeln**. Diese musst du dir ins Gedächtnis rufen und je nach Adressat auswählen.

Adressat	Anrede	Schluss
Freunde, gute Bekannte in deinem Alter	*Salut* + Vorname *Cher/Chère* + Vorname	*A bientôt* *Amicalement*
erwachsene Person, die du kennst	*cher Monsieur* + Name *chère Madame* + Name	*Cordialement* *Avec mes salutations cordiales/sincères*
unbekannte Person, Institutionen	*Madame, Monsieur*	*Je vous prie d'agréer, Madame, Monsieur, l'expression de mes sentiments distingués.*

TIPP
- Bei französischen Briefen beginnt man nach der Anrede (mit Komma) mit einem Großbuchstaben!
- Bei allen Texten ist es wichtig, die Sätze zu verknüpfen. Dazu benutzt man „kleine Wörter" wie die Präpositionen *d'abord*, *puis*, *ensuite*, *alors*, *enfin*, *finalement* oder Konjunktionen .

> vgl.
> **INFO KOMPAKT**
> S. 77

5. Schritt: Einzelne Abschnitte schreiben

Jetzt beginnst du mit dem Schreiben. Versuche immer, deine Gedanken sofort auf Französisch zu Papier zu bringen. Günstig ist es, einzelne Abschnitte zu schreiben und diese Abschnitte hinterher zu einem Gesamttext zusammenzufügen.
Du solltest versuchen, direkt Rechtschreib- und Grammatikregeln zu berücksichtigen. Lass dich aber dadurch nicht in deinem Schreiben so blockieren, dass du deinen „roten Faden" verlierst! Für deinen Brief verfasst du einige Abschnitte:

a. *Chère Geneviève,*

b. *Je suis à Nice depuis 5 jours. Je suis assis sur une chaise bleue au bord de la mer pour t'écrire une petite lettre. Il fait très beau et le ciel est toujours bleu aussi.*

c. *J'aime beaucoup le Boulevard des Anglais. Ce Boulevard est très long avec des palmiers et on peut se promener au bord de la Méditerranée. Il y a une piste pour les rollers et pour les cyclistes. Beaucoup de personnes font du jogging le matin. Il y a beaucoup de jeunes en rollers.*

d. *Il y a beaucoup de bruit à Nice. La circulation est très dense. Il y a très peu de vent et tu peux t'imaginer la pollution de l'air. C'est dommage.*

e. *A Nice, il y a beaucoup de touristes de tous les pays du monde. Il y a surtout beaucoup d' Italiens dans le Vieux Nice.*

f. *Malheureusement, je dois quitter Nice le 23 juillet.*
Et toi, comment vas-tu ?
Amicalement
Jörg

6. Schritt: Den ganzen Text schreiben und den Ausdruck verbessern

Nach dieser ersten Rohfassung versuchst du jetzt, die Abschnitte zu ordnen, sie mit den „kleinen Wörtern", so genannten Satzverknüpfern, zu verknüpfen und zugleich den Ausdruck zu verbessern.

vgl. **GRAMMATIK KOMPAKT** S. 78 f.

Chère Geneviève,

A Nice depuis 5 jours, je suis assis sur une chaise bleue au bord de la mer pour t'écrire une petite lettre. Comme toujours, il fait très beau et le ciel est bleu.

Derrière moi, il y a le Boulevard des Anglais que j'aime beaucoup à cause de ces palmiers.

Ce boulevard est très long et permet ainsi de se promener au bord de la Méditerranée.

Il y a même une piste pour les rollers et pour les cyclistes. Le matin, on peut voir des touristes qui font du jogging. En effet, en été les touristes envahissent la ville, surtout les Italiens. Mais leur quartier préféré, c'est le Vieux Nice, c'est-à-dire le quartier qui ressemble beaucoup à l'Italie.

Ce qui est vraiment dommage, c'est le bruit dans toute la ville. Je n'aime pas toutes ces voitures qui polluent cette ville magnifique surtout parce qu'il y a peu de vent.

Malheureusement, je dois quitter Nice le 23 juillet.
Et toi, comment vas-tu ?

Amicalement
Jörg

---

7. Schritt: Den Text auf Fehler durchsehen

Zuletzt liest du den Text noch einmal ganz durch. Dabei verbesserst du letzte inhaltliche Schwächen und sprachliche Fehler.

TIPP Professionelle Korrekturleser lesen einen Text zum Korrigieren der Rechtschreibung Satz für Satz *von hinten* durch! So lassen sie sich nicht vom Inhalt verwirren.

Kleine Wörter – große Wirkung
Die Konjunktionen als Satzverknüpfer

Viele Schülerinnen und Schüler verwenden in ihren Texten nur ganz einfache Sätze. Sie wollen keine Fehler machen und vermeiden z. B. Nebensätze. Doch oft ist es unumgänglich, Satzgefüge zu bilden, um überzeugend zu sein oder um einen Text stilistisch zu verbessern. Dazu benötigst du Konjunktionen als „Satzverknüpfer": Sie verknüpfen Haupt- und Nebensatz, aber auch die Hauptsätze untereinander.

Nebenordnende Konjunktionen *(les prépositions coordonnées)*

mais	aber	Il pleut, **mais** je sors quand même.
et	und	Je téléphone **et** j'ouvre la fenêtre.
car	denn	Je regarde la télé **car** je m'intéresse au ski.
donc	also	Je ne comprenais pas le mot, **donc** j'ai consulté un dictionnaire.
ou	oder	Il fait beau, donc je vais aller à la piscine **ou** jouer au tennis.

Unterordnende Konjunktionen *(les prépositions subordonnées)*

parce que	weil	Je n'ai pas le temps **parce qu**'il y a beaucoup de choses à faire.
comme	da (am Satzanfang)	**Comme** mon père est strict, je reste à la maison.
pendant que	während	Elle lit **pendant qu**'elle écoute son nouveaux CD.
depuis que	seit	Marie ne parle plus avec moi **depuis qu**'elle a un petit ami.
bien que (+ subjonctif)	obwohl	Il conduit la voiture **bien qu**'il n'ait pas de permis de conduire.
pour que (+ subjonctif)	damit	Travaille beaucoup **pour que** tes examens se passent bien.
quand	wenn (zeitlich)	Il y a toujours toute la famille à table **quand** on mange.
si	wenn (als Bedingung)	**S'il** fait beau demain nous irons à la plage.

INFO KOMPAKT

Die Adjektive *(Les adjectifs)*

Singular

Jeder Text wird genauer oder interessanter für den Leser, wenn du Adjektive (Eigenschaftswörter) benutzt. Adjektive stehen immer bei Substantiven (Nomen). Bei den meisten Adjektiven gibt es im Singular eine Form für ein Adjektiv, das bei einem männlichen Substantiv steht und eine Form für ein Adjektiv, das bei einem weiblichen Substantiv steht. Für die weibliche Form hängt man ein „**-e**" an das männliche Adjektiv.

masculin	féminin
direct	directe
grand	grande
gris	grise
haut	haute
joli	jolie

→ In der weiblichen Form wird der Konsonant vor dem angehängten „**-e**" nun ausgesprochen.

Ma sœur possède un **petit** chien. [pətiʃjɛ̃]
Mon oncle a une **petite** chatte. [pətitʃat]

Es gibt einige wenige Adjektive, die keinen Unterschied zwischen der männlichen und der weiblichen Form des Adjektivs machen, z. B. *jeune*, *triste* und *jaune*. Warum nicht? Es sind die Adjektive, die schon auf „**-e**" enden.

Es gibt Adjektive, die die weibliche Adjektivform nicht durch einfaches Anhängen eines „**-e**" an die männliche Form bilden. Bei diesen Adjektiven musst du die männliche und die weibliche Form gesondert lernen, da es keine übergreifende Regel gibt.

masculin	féminin
actif	active
blanc	blanche
cher	chère
doux	douce
entier	entière
faux	fausse
fou	folle
gentil	gentille
gros	grosse
heureux	heureuse
moyen	moyenne

Drei französische Adjektive haben im Singular noch eine weitere Form: *beau*, *nouveau* und *vieux*. Neben der männlichen und der weiblichen Form gibt es eine Form für männliche Substantive mit einem Vokal im Anlaut.

Hier, j'ai acheté un **beau/nouveau/vieux** manteau.
Et moi, je pense toujours à une **belle/nouvelle/vieille** voiture.
Et moi, j'ai acheté un **bel/nouvel/vieil** imperméable.

Plural

Im Plural wird bei den meisten Adjektiven ein „**-s**" an die Singularform (männliche oder weibliche) angehängt.

> Les **grandes** villes posent de plus en plus de problèmes.
> Les **petits** prix chez Benetton sont très intéressants.

Die Adjektive *beau*, *nouveau* und *vieux* haben wiederum besondere Pluralformen.

> Ce sont vraiment de **belles** chaussures.
> Je préfère ces **beaux** modèles.
> Les **vieilles** maisons sont pittoresques.
> Ces **vieux** tableaux me fascinent.
> Ce sont mes **nouveaux** voisins.
> Voilà les **nouvelles** amies de Jacqueline.

Die Stellung der Adjektive

Fast alle Adjektive stehen **nach** dem Substantiv.
Vor dem Substantiv stehen Zahlwörter (*la troisième fois*) und kurze, oft benutzte Adjektive, wie z.B. *petit*, *grand*, *beau* und *jeune*.

GRAMMATIKAUFGABE

▶ Dies ist der Text eines Französischlerners, der noch unsicher bei der Schreibung der Adjektive ist. Unterstreiche alle falschen Adjektivformen. Schreibe anschließend den korrigierten Text ab.

> *Hier, j'ai rencontré un vieil monsieur. Il se promenait avec un petit chien noire. Il portait un grand sac noire dans sa main droite. Il avait d'énorme problèmes pour marcher et il s'arrêtait très souvent. Son chien le tirait beaucoup. J'ai vu qu'il s'est installé sur un banc blanc qui était un peu sale.*

GRAMMATIK KOMPAKT

Von den Gedanken zum Text – Einen freien Text schreiben

Manchmal schreibst du, um eigene Gedanken zu formulieren. Wir nehmen als Ausgangspunkt für diese Übung das folgende Bild. Die Schreibaufgabe lautet: *Mon rêve du tapis volant*. Wie gehst du nun bei der Bearbeitung dieser Aufgabe vor?

1. Schritt: Die Aufgabe verstehen

Es ist ganz wichtig, dass du dir klar machst, worin deine Aufgabe besteht. In dem vorliegenden Fall sollst du einer frei zu wählenden Person von deinem Traum mit dem fliegenden Teppich erzählen. Nicht gesagt wird bei der Aufgabe, ob du auf dem fliegenden Teppich sitzt oder ob du ihn vorbeiziehen siehst. Du hast also zwei Möglichkeiten: Entweder du schreibst aus der Perspektive einer Person auf dem Teppich oder aus der Sicht einer Person, die den Teppich vorbeifliegen sieht. Wichtig ist, dass du dich vor dem Schreiben für eine Perspektive entscheidest.

2. Schritt: Das Bild betrachten und Notizen machen

Das Bild dient dir zusammen mit dem Thema der Aufgabenstellung als Orientierung für deine Gedanken. Deshalb betrachtest du es am besten erst einmal aufmerksam und machst dir stichwortartig Gedanken dazu – auf Französisch natürlich:

le tapis volant · des personnes · le ciel · des bateaux · des nuages · danser · un éléphant · le monde · rouge · bleu · se reposer · courir · un rhinocéros · des voitures · lire

3. Schritt: Ideen in einer Mind-map ordnen

Nun überlegst du dir, welche Geschichte du schreiben könntest. Notiere deine ersten Ideen doch in einer ersten Gedankenskizze, einer Mind-map, in die du die Notizen aus **Schritt 2** einbeziehst!
Du könntest z. B. einen Traum beschreiben, in dem eine fantastische Geschichte vorkommt. Du wärst auf dem fliegenden Teppich und würdest die Erde beobachten.

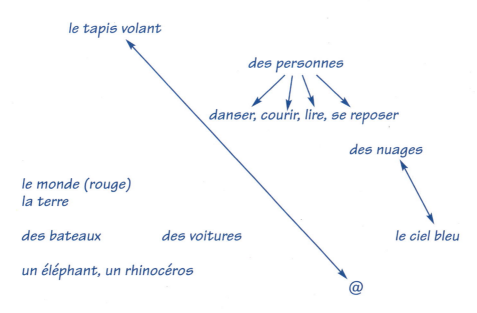

4. Schritt: Passende sprachliche Ausdrücke sammeln

Bei der Schreibaufgabe möchtest du Handlungen und Sachverhalte beschreiben. Du sammelst dafür in einer Liste sprachliche Mittel, die du später als Bausteine benutzen kannst. Du möchtest beispielsweise genaue Angaben machen, wo sich etwas befindet:

à gauche, à droite   *en-dessous de*
à côté de   *au-dessus de*
en face de

Um Handlungen zu beschreiben, musst du sagen können, ob etwas vor oder nach etwas anderem passiert.

tout d'abord   *tout à coup*
ensuite   *avant de + infinitif*
puis   *après avoir + participe passé*

TIPP Mit diesen Wörtern kannst du übrigens deine einzelnen Sätze verknüpfen – Satzverknüpfer machen einen guten Text aus!

vgl. **INFO KOMPAKT** S. 77

5. Schritt: Einzelne Absätze schreiben

Versuche jetzt, deine Perspektive sowie deine Ausgangssituation zu bestimmen und einzelne Teilabschnitte zu schreiben. Dabei kannst du auf deine Vorarbeiten (**Schritt 3** und **4**) zurückgreifen.

Mon rêve du tapis roulant

Voilà. Cela suffit. Je n'ai plus envie de regarder la télévision. Je vais au lit et je ferme les yeux.

Je m'assois sur le tapis car sa vitesse est très grande. C'est la position de beaucoup de voyageurs.

Seulement une fille n'arrête pas de danser et un monsieur est très nerveux. Il court d'un côté à l'autre côté du tapis et il fait beaucoup de mouvements avec ses bras comme s'il voulait faire des signes aux personnes sur terre.

Nous sommes très loin de la terre et nous volons très, très vite. Mais je peux voir un éléphant gris, un rhinocéros blanc et un autre animal bleu.
La terre semble être toute rouge et deux bateaux de luxe traversent les océans.

Voilà. Cela suffit. J'éteins la télé et je ferme les yeux pour dormir. Demain il y aura une interrogation écrite en maths.

Le plus étonnant, c'est une autoroute qui a la forme d'un @ et qui monte vers le ciel. Il y a seulement une voiture noire qui roule dans notre direction.

Du solltest dich bei diesem Schritt nicht durch fehlende Wörter stören lassen. Es kommt hier nur darauf an, die Gedanken zu Papier zu bringen. Fehlende Wörter suchst du erst jetzt im Wörterbuch und ergänzt sie:

→ **die Berechnung** – *le calcul*

→ **das Zeichen** – *le signe*

→ **die Luxusschiffe** – *les bateaux de luxe*

6. Schritt: Den ganzen Text schreiben und den Ausdruck verbessern

Nun ordnest du die einzelnen Abschnitte. Dabei solltest du sie sprachlich so überarbeiten, dass eine spannende Geschichte entsteht. Dazu steigerst du die Spannung und fügst einen für den Leser überraschenden Schluss hinzu. Hier kann dir wieder deine Liste mit sprachlichen Mitteln helfen.

Mon rêve du tapis roulant

Voilà. Cela suffit. Je n'ai plus envie de regarder la télévision. Je vais au lit et je ferme les yeux. J'essaie de ne plus penser à l'interrogation de maths de demain. Est-ce que le prof va nous présenter encore une fois le calcul d'un tapis qui est devenu plus court après le lavage? Toujours des tapis roses, verts et jaunes ...
Tout à coup j'entends la voix du professeur: «Montez sur le tapis et installez-vous. Nous partons.»
Je me trouve sur un tapis, avec la terre en-dessous et le ciel bleu au-dessus de moi. Pour ne pas tomber, je m'assois car la vitesse du tapis est très grande.

C'est magnifique. Mais je ne suis pas seule. Il y a douze autres passagers. A ma gauche, une fille n'arrête pas de danser et un monsieur à droite semble être très nerveux. Il court d'un côté à l'autre côté du tapis et il fait des mouvements avec ses bras. Est-ce qu'il veut faire des signes aux personnes sur terre?
Ce qui est plus intéressant que les passagers, c'est le regard sur la terre.
Nous sommes très loin de la terre et nous volons très, très vite, mais je peux voir un éléphant gris, un rhinocéros blanc et un autre animal bleu.
La terre semble être toute rouge et deux bateaux de luxe traversent les océans.
Le plus étonnant, c'est une autoroute qui a la forme d'un @ et qui monte vers le ciel.
Il y a seulement une voiture noire qui roule très vite dans notre direction. L'autoroute est de plus en plus loin et la voiture commence à voler.
Pendant tout ce temps, j'essaie de voir qui est dans la voiture. Puis, j'entends une voix: «Pierre, Pierre!» C'était ma mère. «Tu as oublié ta calculatrice pour ton interrogation de maths».
Je me réveille.

---

7. Schritt: Den Text auf Fehler durchsehen

Nach dem Schreiben ist das kritische Durchlesen des Textes ganz wichtig, um Schwächen im Inhalt oder im Bereich der Rechtschreibung zu verbessern. Gehe ganz genau Satz für Satz vor!

Schritt für Schritt zum eigenen Text

Einen Brief schreiben

1. Den Adressaten festlegen
2. Die Absicht bestimmen
3. Schlüsselwörter in einer Mind-map ordnen
4. Passende sprachliche Ausdrücke sammeln
5. Einzelne Abschnitte schreiben
6. Den ganzen Text schreiben und den Ausdruck verbessern
7. Den Text auf Fehler durchsehen

Einen freien Text zu einem Bild schreiben

1. Die Aufgabe verstehen
2. Das Bild betrachten und Notizen machen
3. Ideen in einer Mind-map ordnen
4. Passende sprachliche Ausdrücke sammeln
5. Einzelne Absätze schreiben
6. Den ganzen Text schreiben und den Ausdruck verbessern
7. Den Text auf Fehler durchsehen

1 La Martinique

▶ Erstelle eine Mind-map zur Vorbereitung des Themas *Une journée sur un voilier* (das Segelboot) *à La Martinique!*

> Une journée sur un voilier
> à La Martinique

2 Satzverknüpfung

▶ Versuche, die folgenden Sätze durch *donc*, *alors* und *mais* zu verknüpfen!

a. Mon frère est arrivé trop tard dans la nuit à Limoges.
b. Les transports urbains *(öffentliche Verkehrsmittel)* ne fonctionnaient plus.
c. Il n'y avait que les taxis qui circulaient.
d. Il en a appelé un.

Postkarte aus dem Elsass

Du verbringst einige Tage im Elsass an der deutsch-französischen Grenze. Du schreibst eine Karte an einen Freund in Marseille über die Gegend, die Ausflüge, die du gemacht hast und insbesondere über das Wetter.

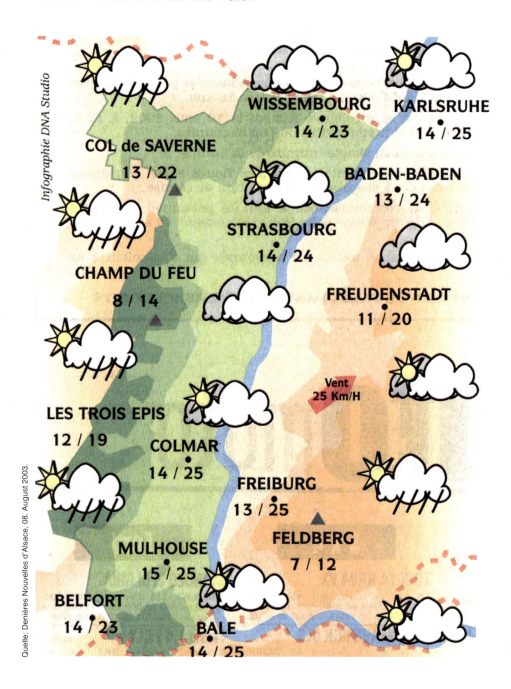

TIPP Orientiere dich dabei an den Schritten, die im **Info kompakt** (S. 84) zusammengefasst sind!
Höre dir Track 6 auf der CD an, um das treffende Vokabular zu benutzen.

4 Pariser Bauwerke

▶ **Betrachte die Illustration und wähle eine Schreibaufgabe.**

a. Verfasse einen Sachtext zu einem der Gegenstände oder Bauwerke.
b. Schreibe einen (erfundenen) Dialog zwischen dem Eiffelturm (*La Tour Eiffel*) und dem Triumphbogen (*Arc de Triomphe*).
c. Schreibe einen Brief, in dem du von einem Stadtrundgang in Paris erzählst. Beziehe dich dabei auf Elemente des Bildes.

5 La Cité des Sciences

Die *Cité des Sciences* ist ein riesiger Wissenschafts- und Erlebnispark in Paris. Hier können sich die Besucher über alle Erscheinungen auf dieser Erde informieren. Vielleicht hast du Lust, dir einmal unter **www.cite-sciences.fr** einen Eindruck davon zu verschaffen? Es gibt auch die Möglichkeit, an die Institution zu schreiben (vielleicht um zu fragen, ob es fliegende Teppiche gibt!).

▶ **In der *Cité des Sciences* gibt es einen Kinosaal, der sich bewegt. Wie heißt dieser Saal?**

Schär Müsjö Schierack

Was ist das denn für eine seltsame Überschrift? Es handelt sich um den Anfang eines Briefes an den französischen Präsidenten Jaques Chirac, den du auch in Übung 5 wiederfindest. Kein Franzose könnte diesen Briefanfang verstehen, weil er so falsch geschrieben ist. Eine einheitliche Schreibung ist wichtig, damit deine französischen Texte verstanden werden. Dieses Kapitel macht dich, chère élève/cher élève, auf die Hauptfehlerquellen des Französischen aufmerksam und gibt dir Tipps, wie du Fehler in Zukunft vermeiden kannst.

 Diese kurze Mitteilung wurde von einem Franzosen geschrieben. Sie zeigt, wie schnell sich Fehler beim Schreiben einstellen, sogar bei einem Muttersprachler. Versuche doch einmal, die Fehler zu erkennen und unterstreiche sie!

> Anke,
>
> J'ai bien reçu ton e-mail avec les informations de ton arrivée le 14 septembre. Je vais allée te chercher à au l'aéroport. Je, je n'ais encore rien fait pour me préparer au cours. Mais cela m'intéresses pas beaucoup.
> Je t'embrasse.
>
> Thierry

Eine Fremdsprache, die man nur sprechen aber nicht schreiben muss – wäre das nicht ein Traum? Dann gäbe es in der Schule keine schriftlichen Hausaufgaben mehr. Vielleicht wären dann automatisch die Zensuren besser. Aber überlege einmal: Wäre eine solche Sprache „alltagstauglich"? Was auf den ersten Blick vielleicht wünschenswert erscheint, hätte erheblich Nachteile für die Verständigung und den Informationsaustausch im Alltag: Briefe zu schreiben wäre nicht möglich, gedruckte Fernsehprogramme, Flyer, Speisekarten, Fahrpläne usw. würden nicht existieren.

Die französische Rechtschreibung hat den Ruf, schwer zu sein. Ist sie auch schwerer als die der deutschen Sprache? Das kommt darauf an. Wenn du beispielsweise an die Probleme mit der Groß- und Kleinschreibung im Deutschen denkst, ist das Französische leichter!

Einige Fehler treten immer wieder beim Schreiben auf. Diese Fehler haben ihren Ursprung oft in einer schlechten oder falschen Aussprache, die dann zu einer falschen Schreibung führt bzw. in Schwierigkeiten mit der Grammatik.

Achte deshalb besonders auf die folgenden häufig zu beobachtenden Fehler.

Akzente

Natürlich kannst du Akzente nicht nach deinem persönlichen Zufallsgenerator setzen. Akzente haben einen Sinn und meist einen Einfluss auf die Aussprache. Deshalb kann man oft „hören", welche Akzente auf ein Wort gesetzt werden müssen!

→ Der **accent grave** (**è**) führt innerhalb eines Wortes immer zu einer offenen Aussprache [ɛ]: **le père, la mère, le frère**.
Er steht außerdem immer am Ende eines Wortes vor „-s": **après, très, le progrès**.
Ohne Einfluss auf die Aussprache ist der Akzent bei **ou** (oder) bzw. **où** (wo). Aber du kennst bestimmt die Eselsbrücke: „Auf der Oder schwimmt kein Graf." (*ou* = oder, Graf = *accent grave*).

→ Der **accent aigu** (**é**) bewirkt immer ein geschlossenes [e], wie z. B. bei **le thé**.
Sprich einmal deutlich aus: **le thé** und **l'été**.
Wichtig ist, dass du in der Aussprache zwischen dem kurzen [ə] von **le** und dem [e] in einem Wort wie **le thé** unterscheidest.

→ Nur kurz erwähnt werden soll das „Dach", der **accent circonflexe**, der bei manchen Wörtern über einem Vokal steht: **la pâte, être, l'île, l'hôtel, être sûr(e)**.

→ Außerdem gibt es das Häkchen (**la cédille**) unter dem „c" vor den Vokalen „a", „o" und „u" (**ça, nous commençons, il a reçu**). Die Funktion ist die eines „Weichmachers", denn es bewirkt, dass das „c" als [s] gesprochen wird und nicht als [k].

> ▶ **Wende die Eselsbrücke zu ou/où bei den folgenden Sätzen an!**
>
> Cet après-midi, je vais jouer au tennis _ou_ rendre visite à Pierre.
> Je sais _où_ se trouvent les clés de la voiture.

Unterschiedliche Schreibung von gleich gesprochenen Wörtern

Sieh dir die folgenden Wörter an:
    le mètre, le maître (Aussprache immer [ɛ])
    tôt, les chevaux, le mot, le couteau, l'eau (Aussprache immer [o])

Das Französische hat verschiedene Möglichkeiten, einen Laut in die Schriftsprache umzusetzen. Manchmal kann man nicht aus der Aussprache eines Lautes auf die Schreibung schließen. Das französische Wort für das Wüstentier Dromedar wird beispielsweise „dromadär" ausgesprochen. Man könnte das Wort *le dromadère, le dromadaire* oder auch *le dromadair* schreiben. Richtig ist *le dromadaire*, aber diese Schreibung muss man einfach lernen.

Was meinst du: Wo treten Fehler wohl am häufigsten auf? Am Anfang, in der Mitte oder am Ende eines Wortes? Richtig, vorwiegend in der Endsilbe. Also: **Wenn du eine geschriebene Form kontrollieren willst, konzentriere dich auf das Wortende!**

▶ **Welches ist hier die richtige Schreibung? Kreuze an!**

◯ batau	◯ appareij	◯ exemplère	⊗ baguette
◯ battot	⊗ appareil	⊗ exemplaire	◯ bagette
⊗ bateau	◯ appareille	◯ exemplére	◯ baguètte

Angleichung der Verbform an das Subjekt

Oft entstehen Fehler beim Schreiben, weil das Subjekt eines Satzes nicht in Übereinstimmung mit der Endung der Verbform steht. **Das Subjekt bestimmt immer die Verbendung!**

A cause du mauvais temps, <u>les élèves</u> rest**ent** à la maison.
Les filles sont fatigué**es**. C'est pourquoi <u>le moniteur</u> leur propose une petite pause.

▶ **Suche in der folgenden Übung das Subjekt und unterstreiche es! Wähle anschließend die richtige Verbform aus!**

TIPP Das Subjekt ist der Satzteil, nach dem du mit „Wer?" oder „Was?" fragst.

a. <u>Les touristes</u> (n'aiment pas / ~~n'aime pas~~) les endroits bruyants.
b. Souvent, <u>les villes</u> (interdisent/~~interdit~~) une radio à la plage.
c. Un jour, <u>un jeune homme</u> (~~ont apporté~~/ a apporté) une radio portable.
d. <u>Il</u> (~~ont~~/a) allumé l'appareil.
e. <u>La musique</u> (était/~~étaient~~) vraiment forte.
f. Comme <u>on</u> (pouvait/~~pouvaient~~) le penser, il y (~~avaient~~/avait) <u>des personnes</u> <u>qui</u> (a/ont) commencé à protester.
g. <u>La discussion</u> entre le jeune homme et les touristes (~~avaient~~/avait) duré longtemps.
h. Mais finalement, <u>le jeune homme</u> (~~ont~~/a) quitté la plage.

Endungen der regelmäßigen Verben im Präsens

Eine häufige Fehlerquelle sind die Endungen der Verben im Präsens. Deshalb ist es wichtig, die korrekte Konjugation zu lernen.

zu den Verbgruppen vgl. Kapitel **Wörter lernen** S. 116 ff.

Nur die Verben auf **-er** sowie **ouvrir** und **offrir** haben im Präsens die Verbendungen **-e**, **-es**, **-e**, **-ons**, **-ez**, **-ent**.
Alle anderen regelmäßigen Verben enden auf **-s**, **-s**, **-d/t**, **-ons**, **-ez**, **-ent**.

> ▸ **Vervollständige zur Übung die Verbformen!**
>
> 1. Pierre et Mireille cherch_ent_ la cassette mais ils ne la trouv_ent_ pas.
> 2. Leur père arriv_e_ pour les aid_er_ .
> 3. Mais après quelques minutes, il par_t_ parce que le téléphone sonne.
> 4. C'es_t_ Yvonne à l'appareil.
> 5. Elle croi_t_ que ses amis de Bretagne doiv_ent_ lui rendre visite l'après-midi.

Endung des Infinitivs auf „-er"

Die Schwierigkeit in der Schreibung der Verbendungen entsteht dadurch, dass die Aussprache von **-er**, **-ez**, **-é**, **-és**, **-ée**, **-ées** gleich ist, nämlich ein geschlossenes [e].

Du schreibst den **Infinitiv**, also **-er**:
→ nach einer Präposition: **Je commence déjà à manger.**
→ wenn eine konjugierte Verbform (aber nicht *avoir* oder *être*) vorausgegangen ist: **Lucien peut utiliser l'ordinateur.**

Du schreibst **-ez**:
→ bei der 2. Person Plural Präsens: **Vous cherchez le disque?**
→ bei der 2. Person Plural Futur: **Vous trouverez l'enveloppe.**
→ beim Imperatif Plural: **Restez tranquille!**

Du schreibst **-é**, **-és**, **-ée**, **-ées**:
→ für ein Partizip der Vergangenheit:
   Louis a vraiment bien chanté.
   Geneviève est allée voir le professeur.
   Tous les élèves sont arrivés en retard.
   Les filles sont entrées dans la salle sans saluer les autres.

▶ **Kannst du jetzt diesen Lückentext ausfüllen?**

1. D'abord, j'ai jou_é_ à l'ordinateur, ensuite j'ai commenc_é_ à faire mes devoirs.
2. Ma sœur est arriv_ée_ un peu plus tard.
3. Mais nous ne pouvons pas travaill_er_ ensemble.
4. Ne cherch_ez_ pas les raisons pour cela.
5. Vous ne les trouver_ez_ jamais.

Ce, ces und se, ses

Die Formen **ce**, **ces** und **se**, **ses** werden zwar gleich ausgesprochen, haben aber eine ganz unterschiedliche Bedeutung und Funktion.

Form	Funktion	Anwendung	Beispiel
ce [sə]	Demonstrativpronomen *l'adjectif démonstratif* Man zeigt auf etwas und möchte sagen: dieses (und kein anderes)!	**Ce** steht vor einem männlichen Substantiv im Singular. **Ce** steht häufig vor *qui* oder *que*. **Ce qui/ce que** heißt dann „das, was".	→ ce livre, ce jardin, ce stylo → Je sais ce que je veux. → Je mange toujours ce qui est bon.
se [sə]	Reflexivpronomen *la forme pronominale* Man verwendet ein reflexives Verb, z. B. sich vorstellen: Monique stellt sich heute abend vor.	**Se** steht bei der 3. Person Singular oder Plural eines reflexiven Verbs (*le verbe pronominal*) wie z. B. *se baigner, se présenter* Achtung! Vor einem Verb mit Vokal („a", „e", „i", „o", „u") wird **se** immer zu **s'**.	→ Monique se présentera ce soir. → Pendant les vacances, Julie se baigne toute la journée. → Le nouvel élève s'appelle Pierre.
ces [se]	Demonstrativpronomen *l'adjectif démonstratif* Man zeigt auf etwas und möchte sagen: diese Dinge!	**Ces** ist die einzige Pluralform und steht bei männlichen und weiblichen Substantiven.	→ J'aime bien ces chansons. → Ces montres me plaisent.
ses [se]	Possessivpronomen *l'adjectif possessif* Man möchte sagen: Das sind seine/ihre Gegenstände!	**Ses** wird immer dann verwendet, wenn eine Person mehrere Gegenstände „besitzt".	→ Jeanine me montre ses photos.

▶ Versuche gleich einmal diese Informationen bei der folgenden Übung anzuwenden!

1. Mon père ____'est adressé à la vendeuse.
2. Ma mère ne dit jamais ____ qui lui plaît.
3. Quand j'ai vu l'accident, ____'était terrible.
4. ____ livre de Harry Potter ____ vend bien.
5. Je ne connais pas ____ règles.
6. Les Dupont ____'achètent une nouvelle voiture.
7. ____'est super.
8. Les personnes de la rue Lamartine ne ____ connaissent pas.
9. Le foot, ____'est vraiment son sport préféré.

De nach Mengenangaben/Verneinung

Nach Mengenangaben und nach der Verneinung steht immer die Präposition **de** (vor einem Vokal „**d'**").

Je n'achète pas **de** fruits.
A la maison, j'ai un kilo **de** bananes.
Hier, j'ai bu trois bouteilles **de** coca.
Et moi, trois bouteilles **d'**eau.
A la fin de ce mois, je n'ai plus **d'**argent.

▶ Übersetze die folgenden Sätze:

1. Heute kaufe ich eine DVD (le DVD).
2. Ich esse keine Früchte.
3. Vergiss nicht, zwei Kilo Orangen zu kaufen.
4. Wo ist die Cola-Flasche?
5. Wenn wir eine Reise machen, nehme ich meine Wasserflasche mit.

Hier noch ein Hinweis: „Ich habe keine Lust" heißt auf Französisch **Je n'ai pas envie**. „Ich habe keinen Hunger" heißt **Je n'ai pas faim** und „Ich habe keinen Durst" **Je n'ai pas soif**. Also, immer ohne *de*.

Tout und tous

Auch bei diesem Problem ist sowohl eine richtige Aussprache als auch Regelkenntnis für die korrekte Schreibung wichtig.

→ **Tout** [sprich: tu] heißt „ganz"!
Das „t" am Ende wird nie gesprochen. Das Wort ist **unveränderlich**, denn es ist ein Adverb. Ihm folgt stets ein Adjektiv.

    Je suis **tout** content.   Ich bin ganz zufrieden.
    Marie est **tout** heureuse.   Marie ist ganz glücklich.

Unveränderliche Ausdrücke:
    tout le monde   alle
    tout à coup   plötzlich
    tout à fait   völlig, ganz

→ **Tout** [sprich: tu], **toute** [tut], **tous** [tus], **toutes** [tut] beziehen sich immer auf ein Nomen! Die Schreibung richtet sich immer nach dem Nomen, das folgt.
Hier kann man mit „alle" oder „ganz" übersetzen. Der Form **tout, toute, tous, toutes** folgt immer der bestimmte Artikel (**le, la, les**) und dann das Nomen.

    J'ai lu **tout** le livre.   Ich habe das ganze Buch gelesen.
    Ma sœur a attendu **toute** la journée.   Meine Schwester hat den ganzen Tag gewartet.
    Tous les élèves sont malades.   Alle Schüler sind krank.
    Toutes les filles ont commencé à chanter.   Alle Mädchen haben angefangen zu singen.

> ▶ **Hast du den Unterschied verstanden? Teste dich selbst und übersetze!**
>
> 1. Pierre und Marie sind ganz neugierig *(curieux)*.
> 2. Max hat den ganzen Morgen geschlafen.
> 3. Alle Lehrer *(les enseignants)* haben das Buch gelesen.
> 4. Sie sind alle glücklich.
> 5. Ich bin völlig einverstanden mit Pierre.
> 6. Alles, was du sagst, ist falsch.
> 7. Wohin gehen alle diese Menschen *(les gens)*?

Leur und leurs

Leur hat zwei Funktionen:

→ **Leur** ist **indirektes Objektpronomen** (*pronom d'objet indirect*).
   Erklärung: steht für Dinge oder Personen, die vorher genannt wurden
   Tu passes la photo à Pierre et Yvette? Oui, je **leur** passe la photo.

→ **Leur** ist **besitzanzeigendes Fürwort** (*adjectif possessif indirect*).
   Es gibt mehrere Besitzer, die einen Gegenstand besitzen.
   Tu connais les Durand? Voilà **leur** voiture.

Leurs (mit „-s") ist immer **besitzanzeigendes Fürwort** (*adjectif possessif indirect*).
Es gibt mehrere Besitzer, die mehrere Gegenstände besitzen.
   Les Piafs (quatre personnes) cherchent **leurs** raquettes de tennis (quatre raquettes).

▶ Welche Formen würdest du hier einsetzen?

Luc et Suzanne sont venus me voir.

1. Je _____ ai donné ma disquette avec les devinettes.
2. _____ ordinateur est un vieux modèle.
3. Mais _____ collection de BD est vraiment bien.
4. _____ parents ne sont pas toujours contents parce que Luc et Suzanne n'aiment pas toujours ranger _____ livres.
5. Mais cela _____ est égal.

Imperativ Singular

Gerade wenn du eine freie Schreibaufgabe bearbeitest, kann es vorkommen, dass du die Befehlsformen verwendest. Die folgenden drei Regeln können dir helfen, Fehler bei der Schreibung zu vermeiden.

1. Bei den Verben auf „-er" und bei **offrir** und **ouvrir** hat der Imperatif im Singular **kein „-s"**.
   Cherche le livre! Ouvre la fenêtre! Va à la gare!

2. Bei allen anderen Verben endet der Infinitiv auf „**-s**".
   Finis ta soupe! Rends le livre! Promets de revenir!

3. Achtung: Diese Formen sind unregelmäßig!
   avoir – aie
   être   – sois
   savoir – sache

▶ **Wende die drei Regeln an und bilde die Imperativformen!**

1. Je ne veux pas copier le texte.
2. Je ne mangerai pas la salade.
3. Je ne me souviens pas.
4. Je n'éteins pas la radio.
5. Je ne veux pas aller chez le médecin.
6. Je ne veux pas être gentil.

Die Angleichung (*l'accord*) des *partcipe passé*

Viele Fehler in der Schreibung treten auf, weil bei zusammengesetzten Zeiten der Vergangenheit (passé composé, plusque-parfait) die Endung des Partizips nicht richtig gemacht wurde.

Verben mit être

Die Veränderung richtet sich nach Numerus (Anzahl) und Genus (Geschlecht) des Subjekts:

Singular: zusätzliches „**-e**" bei weiblichem Subjekt
Plural: zusätzliches „**-s**" bei männlichem Subjekt
zusätzliches „**-es**" bei weiblichem Subjekt

Pierre est tombé.
Marie est rentré**e** à 8 heures du soir.
Pierre et son frère sont sorti**s**.
Juliette et Pascale sont arrivé**es** à Bordeaux en avion.

Verben mit avoir

Nur bei einem **vorangestellten Objekt** wird verändert, sonst nicht! Die Veränderung richtet sich nach Numerus (Anzahl) und Genus (Geschlecht) des vorangestellten Objekts:

Singular: zusätzliches „**-e**" bei weiblichem Subjekt
Plural: zusätzliches „**-s**" bei männlichem Subjekt
zusätzliches „**-es**" bei weiblichem Subjekt

Ein **vorangestelltes Objekt**, also ein Objekt, das vor das Verb gestellt wird, tritt auf:
→ als direktes Objektpronomen: **le, la, les**
  Les filles? Je **les** ai vu**es** il y a une heure.

→ bei einer Frage mit *quel*
  Quelle voiture as-tu achet**ée**?

→ bei einer Frage eingeleitet mit **combien de** …
  Combien de livres est-ce que tu as achet**és**?

→ bei reflexiven Verben als vorgestelltes Pronomen **me, te, se, nous, vous, se**
  (wenn kein direktes Objekt folgt)
  Monique s'est lav**ée**.

▶ Hier sind einige Sätze, an denen du überprüfen kannst, ob du die Regeln verstanden hast und anwenden kannst. Verändere das Partizip, wenn notwendig!

Je m'appelle Jocelyne.
1. Hier, j'ai regardé ___ la télé.
2. Je me suis bien amusé ___ parce que la présentatrice a raconté ___ des histoires drôles.
3. Je les avais déjà entendu ___ , mais je les avais oublié ___ entre-temps.
4. Combien d'histoires est-ce qu'elle avait raconté ___ ? Je ne me souviens plus du nombre exact.
5. Et toi, Jean, combien de livres est-ce que tu as lu ___ depuis notre dernière rencontre?

Futur simple und conditionnel I

Eine falsche Schreibung kann sich leicht einstellen, wenn du dir eine falsche Aussprache angewöhnt hast. Du musst deutlich unterscheiden zwischen
Futur simple: Je fermerai [e] la fenêtre. und
Conditionnel I: Je fermerais [ɛ] la fenêtre si tu le demandais [ɛ].
Ein „-ais" oder „-ait" spricht sich gleich als offenes [ɛ].

vgl. Kapitel
Texte hören und verstehen S. 34 ff.

Besonders wichtig sind das aufmerksame Hören und die korrekte Aussprache bei den irrealen Bedingungssätzen (Si-Sätzen III). Hier treffen nämlich die *Imparfait*-Form (im mit Si eingeleiteten Nebensatz) und das *Conditionnel I* innerhalb eines Satzgefüges zusammen.

S'il **arrivait**, j'**arrêterais** mes devoirs.

▶ Alles verstanden? Übersetze doch einmal die folgenden Sätze!

1. Murielle wird in der nächsten Woche eine Klassenarbeit (*une interro*) schreiben.
2. Wir werden unsere Hausaufgaben nach der Schule machen.
3. Die Mädchen würden lieber (*préférer + Infinitiv*) ins Kino gehen.
4. Wenn Pascal kommt, werden wir zusammen (*ensemble*) an den Strand gehen.
5. Wenn es regnen sollte, würden wir zu Hause bleiben.

Si-Sätze

Bedingungssätze (*Si*-Sätze) kommen im Alltag häufig vor. Diese Satzkonstruktionen bestehen aus einem Hauptsatz und einem mit **Si** eingeleiteten Nebensatz. Die Abfolge Hauptsatz-Nebensatz kann auch umgedreht werden. Die *Si*-Sätze sind eigentlich einfach, wären da nicht die Zeiten im Haupt- und Nebensatz, die klar vorgeschrieben sind.

Typ der Bedingung	Tempus des Si-Satzes	Tempus des Hauptsatzes
Reale Erwartung (*Si*-Satz I) S'il pleut, je resterai à la maison. Wenn es regnet, bleibe ich zu Hause.	présent	futur
Überlegen einer Möglichkeit (*Si*-Satz II) Si je gagnais au loto, je m'achèterais une voiture. Wenn ich im Lotto gewinnen sollte, würde ich mir ein Auto kaufen.	imparfait	conditionnel I

Es gibt noch einen Typ von Bedingungssatz (*Si*-Satz III), der eine in die Vergangenheit gerichtete Bedingung ausdrückt:

S'il avait plu, je serais resté à la maison.

Wenn es geregnet hätte, wäre ich zu Hause geblieben.

Die zu verwendenden Zeiten sind hier das *plus-que-parfait* und das *conditionnel II*. Du solltest aber erst einmal Sicherheit in der Anwendung der ersten beiden Typen von Bedingungssätzen gewinnen.

Wichtig ist, dass du schnell und sicher bestimmen kannst, ob es sich um eine Realität oder das Erwägen einer Möglichkeit handelt.

▶ Hier sind einige Übungssätze. Bestimme, ob es sich um eine Realität (*Si*-Satz I) handelt oder um die Erwägung einer Möglichkeit (*Si*-Satz II) und übersetze!

1. Wenn ich Peter treffe, bin ich froh.
2. Wenn ich morgen keinen Unterricht habe (avoir cours), spiele ich Fußball.
3. Wir würden in den Ferien nach Paris fahren, wenn mein Vater nicht arbeiten müsste.
4. Ich würde dieses Buch kaufen, wenn es nicht so teuer wäre.

Quel / quelle / quels / quelles

Die verschiedenen Formen gehören zu dem selben Fragewort: **quel** (welcher/welche/welches). Nach der Form von *quel* folgt immer ein Nomen. Dieses Nomen bestimmt die Form (männlich/weiblich, Singular/Plural) von *quel*.

→ bei einem männlichen Nomen im Singular: **quel**
  Quel est ton anorak préféré?

→ bei einem weiblichen Nomen im Singular: **quelle**
  Quelle heure est-il?

→ bei einem männlichen Nomen im Plural: **quels**
  Quels livres est-ce que tu as lus pendant les vacances?

→ bei einem weiblichen Nomen im Plural: **quelles**
  Quelles voitures est-ce que tu aimes le plus?

► Überprüfe den Fehlertext: Sind alle Formen von *quel* richtig? Denke daran: Suche das auf *quel* folgende Nomen und überprüfe, ob die Form von *quel* daran angepasst ist!

1. Pierre a longtemps réfléchi quel livre était le plus intéressant.
2. Ensuite il a regardé par la fenêtre et il a vu une petite fille. Quels âge avait-elle? A côté d'elle, il y avait un petit chien. Mais de quelles couleur était-il?
3. Le professeur a demandé aux élèves quels intérêts ils avaient et quel musique ils aimaient. Finalement, il voulait savoir quels matières ils préféraient.

Hauptfehlerquellen im Französischen

Fehlerquelle		
Akzente	falsch	Le fr**é**re de mon p**e**re a 55 ans.
	richtig	Le fr**è**re de mon p**è**re a 55 ans.
Unterschiedliche Schreibung von gleich gesprochenen Wörtern	falsch	La m**è**r est belle. Ma m**e**re m'attend.
	richtig	La m**e**r est belle. Ma m**è**re m'attend.
Angleichung der Verbform an das Subjekt	falsch	Nous regard**ez** la télé.
	richtig	Nous regard**ons** la télé.
Endungen der regelmäßigen Verben im Präsens	falsch	Ils atten**d** les autres élèves.
	richtig	Ils atten**dent** les autres élèves.
Endung des Infinitivs auf „-er"	falsch	Pierre veut l'aid**é**.
	richtig	Pierre veut l'aid**er**.
Ce, *ces* und *se*, *ses*	falsch	Je ne comprends pas **s**e problème.
	richtig	Je ne comprends pas **c**e problème.
De nach Mengenangaben / Verneinung	falsch	Hier, j'ai acheté deux kilos **du** raisin. Après, je n'avais plus **de l**'argent.
	richtig	Hier, j'ai acheté deux kilos **de** raisin. Après, je n'avais plus **d**'argent.
Tout und *tous*	falsch	Je ne comprends pas tou**s** ce que tu dis.
	richtig	Je ne comprends pas tou**t** ce que tu dis.
leur und *leurs*	falsch	Je leur**s** ai offert le livre.
	richtig	Je leur ai offert le livre.
Imperativ Singular	falsch	Chant**es** plus fort!
	richtig	Chant**e** plus fort!
Angleichung (*accord*) des *partcipe passé*	falsch	Nous sommes all**é** en Bretagne.
	richtig	Nou sommes all**ées** en Bretagne.
Futur I und *Conditionnel I*	falsch	Si tu ne viens pas, je ne t'écrir**ais** plus.
	richtig	Si tu ne viens pas, je ne t'écrir**ai** plus.
Quel / *quelle* / *quels* / *quelles*	falsch	Je ne sais plus **quel** question je voulais poser.
	richtig	Je ne sais plus **quelle** question je voulais poser.

Grammatikfehler in einem Satz vermeiden
nach rechts und links schauen

Wir lesen und schreiben im Gegensatz zu vielen anderen Völkern von links nach rechts. Deshalb geht unsere Aufmerksamkeit meist nach rechts, auf das folgende Wort. Beim Schreiben solltest du in einem Satz aber unbedingt in beide Richtungen schauen – **von links nach rechts**, aber auch **von rechts nach links**. Einerseits musst du die Verknüpfungen von einem Wort zum nächsten im Auge zu haben, andererseits aber auch zur Kontrolle rückwärts lesen.

> Stell dir vor, du hast diesen Satz geschrieben und möchtest ihn auf (Grammatik-)Fehler hin überprüfen:
>
> Les idée**s** que Pascal avait expliqu**ées** ét**aient** bonn**es**.
>
> Die grammatische Form des Subjekts *idées* (weiblich, Plural) muss man im Kopf behalten, denn sie ist für mehrere Stellen im Satz wichtig. Du musst dich vergewissern, dass die Endungen der Wörter, die von dem Subjekt abhängen, mit dem Numerus und dem Genus des Subjekts übereinstimmen:
> → Das Partizip **expliqué** muss verändert und mit „-es" am Ende geschrieben sein, da das Bezugswort **les idées** vor dem **que** steht: also **expliquées**.
> → Das Verb **être** muss ebenfalls an das Subjekt **les idées** angeglichen sein und in der richtigen Form, der 3. Person Plural, stehen: also **étaient**.
> → Das Adjektiv **bon** muss natürlich auch an das weibliche Subjekt im Plural angeglichen sein: also **bonnes**.
> Also: Der Satz ist korrekt.

Nimm z. B. den folgenden Satz, den ein Schüler in sein Heft geschrieben hat.

    Pascale ne appelle pas le mercredi.

Wie ist dieser falsche Satz zustande gekommen? Der Schüler fängt an zu schreiben, und sagt sich, dass er etwas verneinen will. Also schreibt er schon einmal *ne*, ohne schon genau zu wissen, welches Verb er nehmen will. Nach kurzer Überlegung schreibt er die Verbform und bringt den Satz zu Ende. Hier wäre es wichtig gewesen, von der Verbform aus noch einmal zurückzuschauen. Dann hätte der Schüler gemerkt, dass er bei *ne* vergessen hat zu apostrophieren (richtig: *Pascale n'appelle pas le mercredi.*)

Ein ganz wichtiger Hinweis zum Schluss. Wenn du schon in Frankreich gewesen bist, hast du vielleicht Formen gehört wie:

    J'ai pas le temps.
    T'as vu cette photo?

zur Verneinung vgl.
GRAMMATIK KOMPAKT
S. 38

Dieses sind Formen der gesprochenen Sprache. In der Schriftsprache wären diese Sätze natürlich grammatisch falsch, in der gesprochenen Sprache sind sie aber erlaubt.

GRAMMATIKAUFGABE

▶ Schreibe die beiden Sätze der gesprochenen Sprache in der grammatisch richtigen Form!

Richtige Schreibung

▶ Markiere das richtig geschriebene Wort an und schreibe es selbst noch einmal ab!

			deine Schreibung
le chaif	le chef	le cheffe	
le soldas	le solda	le soldat	
l'escalier	l'escalié	l'escaillé	
le chièn	le chien	le chiain	
les treins	les traints	les trains	
le paqué	le paccé	le paquet	
le caffè	le café	le cafè	
dur	dyre	dùr	
la chambr	la chambre	la chambré	
la boutaille	la bouteille	la boudeile	
savoar	savoire	savoir	
hier	hière	hiaire	
les cheveu	les cheveus	les cheveux	
la neige	la nège	la naige	
le cha	le chat	le chate	

2 Wortendungen

▶ Ergänze die richtige Endung und schreibe das Wort noch einmal auf!

a. bur → o / au / eau   bureau

b. ann → eé / ée / è   année

c. chocol → as / a / at   chocolat

d. bâti → man / men / ment   _____

e. crist → alle / all / al   _____

3 „Ss", „s" oder „ç"?

▶ Suche die Wörter im Wörterbuch und ergänze „ss", „s" oder „ç"!

1. nous commen___ons
2. une annon___e
3. une a___iette
4. la répon___e
5. la fa___on
6. un pa___ant
7. re___ter
8. pen___er
9. la cour___e
10. une chau___ure
11. la cla___e

Einen Satz ergänzen

▶ **Finde zu dem jeweiligen Satzanfang die richtige Ergänzung! Verbinde die Teile durch einen Pfeil!**

1. Le centre d'Avignon ○   ○ se reposent à Nice.
2. Gisèle et toi ○   ○ me plaît beaucoup.
3. Est-ce vrai que ○   ○ vous avez acheté une vieille ferme?
4. Mes parents ○   ○ bloque une petite rue devant l'église.
5. Un car de touristes ○   ○ tu aimes la Provence?

Verbformen zuordnen

▶ **Unterstreiche das Subjekt farbig und ergänze die passende Verbindung im *imparfait* (-ait oder -aient)!**

Il y a quelques années encore, les voitures roul_____ moins vite.

Il y av_____ aussi moins d'accidents.

Le piéton pouv_____ traverser une rue avec moins de risque.

Et les personnes qui utilis_____ une bicyclette fais_____ attention aux voitures.

Donc, les piétons et les cyclistes, on les respect_____ plus.

Ein Diktat schreiben

▶ **Hast du Lust, ein kurzes Diktat zum Thema „Devenir architecte" zu schreiben? Ja? Na, dann los!**

1. Zuerst hörst du den Text in seiner ganzen Länge. Lehn dich zurück und höre erst einmal zu!
2. Nun geht das Diktat endlich los. Du hörst jeweils zuerst den ganzen Satz und dann hörst du ihn Stück für Stück nochmal.
3. Die Hauptarbeit hast du schon hinter dir! Jetzt achte nur noch darauf, ob sich vielleicht kleine Fehler eingeschlichen haben.

Brief an den Präsidenten

▶ Versuche in dem Brief an den Präsidenten Frankreichs alle Rechtschreibfehler zu finden. Schreibe den Brief anschließend noch einmal richtig ab.

Schär Müsjö Schierack,

Je m'appel Mark Soller et j'apprende la langu francaise depüi un ans.
Je vous pri d'excuse me fautes de français.
J'ai quelque questions parce que mon profeseur m'a demandé de vous adresser une letre.
Voici mes question:
- Est-ce que vous aime votre travaill?
- Combien de secrétaire est-ce que vous a?
- Vous manger des pommes fritz de temps en temps?
- Est-ce que vous et votre femme aiment Céline Dion?
- Ou ets se que vous passer vos vacance?
- Connaisser-vous l'Allemagne?
- Combien de langues parle-vous?
- Est-ce que vous avez beaucoup d'enfant?

S'était me questions. Merci de votre réponse.
Aux revoir.
Avec mes salutation respektueuses
P.S. L'anné prochaine, notre classe serat à Paris!

Elysée-Palast

Vielleicht hast du Lust, auf der Internetseite des französischen Präsidenten ein wenig zu surfen. Hier die Adresse: **www.elysee.fr** Der Elysée-Palast ist das Gebäude, in dem der Präsident wohnt, wie du auf der Begrüßungsseite siehst. Aber schon hier (*plan du site*) findest du viele Informationen und schöne Fotos.

TIPP Du hast sogar die Möglichkeit, einen virtuellen Besuch im Elysée-Palast zu machen (→ *L'Elysée* → *La visite virtuelle*).

 ▶ Wie heißt die Stiftung, die Frau Chirac 1990 gegründet hat und deren Präsidentin sie ist?

Ich fasse mich kurz und schreibe ein *résumé*

Nicht nur in der Schule, sondern auch im Alltag verfasst du manchmal Inhaltsangaben. Wozu das? Du hast beispielsweise einen interessanten Roman gelesen und berichtest deinem Freund oder deiner Freundin davon. Dazu gibst du einfach kurz den Inhalt wieder und hast ganz nebenbei eine mündliche Inhaltsangabe – auf Französisch ein *résumé* – verfasst.
Bei schriftlichen Inhaltsangaben gibt es bestimmte Vorgaben, die zu berücksichtigen sind. Dieses Kapitel zeigt dir, wie du Schritt für Schritt zu einem guten *résumé* gelangst.

▶ Schau dir den Text an! Es ist eine Inhaltsangabe des Buches „Il faut sauver Saïd".

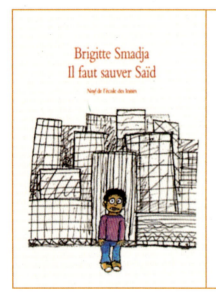

Le roman de jeunesse „Il faut sauver Saïd" de Brigitte Smadja est publié en 2003. Il se passe dans le milieu scolaire et le personnage principal s'appelle Saïd, un élève qui entre au collège. A l'école primaire, Saïd était un très bon élève. Mais au collège, il vit une vie scolaire très différente. Il y a de la violence, les élèves ne respectent pas les enseignants qui n'ont pas d'autorité. Saïd a du mal à travailler. Malgré l'amitié avec quelques copains, il pense vraiment à quitter le collège. Mais finalement, il reste. Il trouve qu'il n'a pas le droit d'aller ailleurs et parce qu'il a le soutien[1] d'un enseignant.

1 le soutien – *die Unterstützung*

Bestimmt hast du im Deutschunterricht bereits Inhaltsangaben und im Englischunterricht *summaries* geschrieben. Im Französischen heißen Inhaltsangaben *résumés*. Worauf musst du nun besonders achten?
Ein *résumé* zu erstellen, bedeutet immer, den ursprünglichen Text zu kürzen. So sollte ein *résumé* nicht länger als ein Drittel des Originals sein. Diese Kürzung darf aber nicht auf Kosten der Handlung gehen: Alle für das Verständnis unverzichtbaren Informationen des Ausgangstextes müssen auch im *résumé* auftauchen. Dazu gibst du die wichtigen Informationen und Handlungselemente in kurzen Sätzen wieder. Aber du darfst auf keinen Fall Satzelemente des Originals unverändert übernehmen! Wichtig ist auch, dass du alle persönlich wertenden Stellungnahmen vermeidest. Zwei weitere Merkmale des *résumé* sind zu beachten: Es wird durchgehend im Präsens geschrieben, und an die Stelle der direkten Rede des Originals tritt die indirekte Rede.

Den Text verstehen – die wichtigste Voraussetzung

Eine wichtige Voraussetzung für die Erarbeitung des *résumé* ist ein gutes Textverständnis. Du solltest den Ausgangstext mehrmals lesen, um
→ die **Textsorte** zu erkennen (Zeitungstext, literarischer Text, Kommentar, Leserbrief ...).
→ den **Inhalt** des Textes und die Absicht des Autors zu verstehen.
→ den größeren **Zusammenhang**, in dem der Text steht, zu erfassen.

> vgl. Kapitel
> **Ich verstehe Texte –
> besser als ich denke**
> S. 44 ff.

Hierbei benötigst du Hilfsmittel, nämlich ein Wörterbuch, Textmarker in verschiedenen Farben und Papier und Stift für spontane Notizen.

Versuchen wir es doch einmal zusammen, Schritt für Schritt zu einem *résumé* zu gelangen. Dies ist der Ausgangstext:

SMS à des prix fous[1]

**Des milliers de SMS envahissent[2] des portables[3]
Une folie[4] pour les jeunes qui sont des destinataires**

1 «Quelqu'un t'aime en secret et nous a demandé de te prévenir[5]» ou «Devine[6] qui est tombé amoureux de toi»: c'est le début de SMS ou de e-mails que des milliers de personnes ont reçu depuis des mois. Pour savoir qui est l'auteur du mot doux[7], rien de plus simple! Il suffit de rappeler[8] le numéro de téléphone indiqué sur le message.

5 *Une démarche[9] coûteuse[10]*. Flatté[11] par un tel message ou simplement par curiosité, le destinataire rappelle immédiatement[12] le numéro. Mais cela devient coûteux : avec un appel facturé 1,35 euro, puis 34 centimes d'euro la minute, on paie facilement 2 euro.

Incitation[13] à la dépense[14]. En résumé, les rôles sont inversés[15]: c'est le destinataire du
10 message qui paie la télécommunication au prix fort pour savoir qui lui a envoyé un message. Et en même temps, la société de service[16] encaisse l'argent généré[17] par la surfacturation[18] de l'appel.

Un vide juridique? Pour l'instant, seule une directive européenne[19] impose d'avoir
15 l'accord de la personne pour lui envoyer des messages publicitaires par SMS ou e-mail. Mais cette directive n'est pas encore transposée[20] dans la législation française[21]. Il y a donc un vide[22] dont profitent certaines sociétés.

1 fou, folle – *verrückt*; **2** envahir – *eindringen in*; **3** le portable – *das Handy, le téléphone mobile*; **4** la folie – *der Wahnsinn;* **5** prévenir qn. – *jdn. warnen*; **6** deviner – *raten*; **7** doux, douce – *zärtlich, sanft*; **8** rappeler – *zurückrufen*; **9** une démarche – *das Vorgehen*; **10** coûteux, se – *teuer*; **11** flatter qn. – *jmd. schmeicheln*; **12** immédiatement – *sofort*; **13** une incitation – *die Anstiftung*; **14** la dépense – *die Ausgabe*; **15** inversé – *vertauscht*; **16** la société de service – *der Dienstleister*; **17** générer – *hervorrufen*; **18** la surfacturation – *überhöhte Rechnung*; 19 une directive européenne – *eine europäische Richtlinie*; 20 transposer – *umsetzen*; 21 la législation française – *die französische Gesetzgebung*; **22** le vide – *die (Gesetzes)lücke*

D'après: Réveillon, Marie: *Les Clés de l'Actualité*. No.492/2002. Toulouse: Milan Presse. 8.

Vorinformationen beachten

▶ **Welche Elemente fallen dir auf, wenn du nur kurz auf den Text schaust?**

Auf den ersten Blick siehst du die Abkürzung SMS in den beiden Überschriften. Außerdem fällt sofort die deutliche Einteilung des Textes in vier Abschnitte auf.
Ganz unten steht, wer den Artikel geschrieben hat und aus welcher Quelle er stammt. Der Hinweis auf den Titel einer Zeitung/Zeitschrift zeigt, dass es sich wohl um einen Sachtext handeln muss.
Woran denkst du bei SMS? An dein Handy, die vielen SMS, die du versendest und die du erhältst … Der Gesichtspunkt „Kosten" kommt dir vielleicht auch in den Kopf.

Wichtige Informationen herausfinden

▶ **Überlege: Welche Textstellen sind besonders wichtig?**

Nun verschaffst du dir einen Eindruck von dem Textinhalt und liest ihn grob durch. Die folgenden Stellen sind vermutlich wichtig – du unterstreichst sie am besten:

Überschrift 1:	ganz unterstreichen
Überschrift 2:	Des milliers de SMS envahissent des portables
ligne 3:	Pour savoir qui est l'auteur …
l. 4:	Il suffit de rappeler le numéro de téléphone indiqué sur le message
l. 6:	Une démarche coûteuse
l. 10:	Incitation à la dépense
l. 10/11:	C'est le destinataire du message qui paie la télécommunication
l. 15:	Un vide juridique

Foto: Claudia Below

Das Schreiben: Von der Hauptaussage zum ganzen *résumé*

Für ein *résumé* ist es ganz wichtig, dass du dir genau klar machst, welche Informationen in dem Text besonders wichtig sind und was nur nebenbei gesagt wird.

Eine Hauptaussage als ersten Satz formulieren

▶ *Worum geht es hauptsächlich in dem Text?*

Du hast jetzt eine erste Idee von dem Inhalt des Textes. Du vermutest: Es geht um SMS und die hohen Kosten, die damit verbunden sind. Außerdem werden offensichtlich rechtliche Probleme angesprochen. Eine erste Formulierung wäre:

> Dans l'article «SMS à des prix fous» adapté du journal «Les Clés de l'actualité», l'auteur parle d'un problème des jeunes, qui concerne les frais des SMS.

Mit diesem Satz hast du schon den wichtigsten Teil deines *résumé* vorbereitet – den ersten Satz. Ein *résumé* hat nämlich immer den folgenden Aufbau: In einem einleitenden Satz stehen die Quelle und die Hauptaussage des Textes. Anschließend werden die wichtigen Informationen nacheinander genannt.

Unbekannte Wörter klären – den Text besser verstehen

▶ *Welche Vokabeln brauchst du unbedingt, um den Text zu verstehen?*

Mit dieser ersten Vermutung zu der Hauptaussage liest du den Text erneut. Du unterstreichst die Vokabeln, deren Bedeutung du nicht kennst. Nun ordnest du die Vokabeln in eine alphabetische Liste und suchst ihre Bedeutung ↗. Diese Arbeit wurde dir hier erleichtert – es gibt eine umfangreiche Vokabelliste. Aber dies wird nicht immer der Fall sein!
Wenn du nun die Bedeutung aller unbekannten Wörter kennst, verstehst du den Text noch besser. Eine zweite, verbesserte Formulierung für die Hauptaussage des Textes kann deshalb lauten:

> Dans l'article «SMS à des prix fous» adapté du journal «Les Clés de l'actualité», l'auteur parle d'un problème particulier des propriétaires de téléphones portables, lié aux SMS: Des sociétés envoient de faux messages qui demandent de rappeler quelqu'un.

vgl. Kapitel **Hilfe aus dem Wörterbuch** S. 54 ff.

Das ganze *résumé* – eine Abfolge von wichtigen Informationen

▶ **Welche Informationen müssen in das *résumé*?**

Nun kannst du beginnen, das endgültige *résumé* zu schreiben. Als ersten Satz hast du bereits die Hauptaussage formuliert. Im Folgenden schreibst du zu jeder wichtigen Information, die du markiert hattest, einen Satz. Du schaust am besten nur ab und zu in den Ausgangstext, um nicht in die Falle zu tappen, einzelne Wörter oder Satzteile unverändert zu übernehmen. Das ganze *résumé* kann schließlich lauten:

Dans l'article «SMS à des prix fous» adapté du journal «Les Clés de l'actualité», l'auteur parle d'un problème particulier des propriétaires de téléphones portables. Les personnes reçoivent des SMS. Quelques sociétés ont envoyé de faux messages personnalisés qui demandent de rappeler quelqu'un. Mais cela est très cher et la société fait du profit. On ne peut rien faire contre cette incitation à la dépense, car la situation n'est pas claire. Il y a un vide juridique.

Korrigieren und Überarbeiten

Auch wenn du froh bist, mit dem Schreiben des Textes fertig zu sein, solltest du deinen Text nun noch einmal gründlich lesen und auf Schwachstellen überprüfen.

Inhaltliche und formale Regeln berücksichtigen

▶ **Überlege: Hast du alle Regeln eingehalten?**

→ Hast du die Problematik des Textes richtig erfasst und klar dargestellt?
→ Hast du gut gekürzt: Ist dein *résumé* nicht länger als 1/3 des Ausgangstextes?
→ Hast du es geschafft, sprachlich nicht zu eng am Ausgangstext zu schreiben?
→ Hast du überall Präsens benutzt?
→ Hast du direkte Rede in indirekte Rede umgewandelt?
→ Hast du daran gedacht, Meinungsäußerungen zu vermeiden?

Du stellst fest, dass du einige Bereiche noch verbessern kannst und schreibst das überarbeitete *résumé* noch einmal ab. So sieht nun die endgültige Fassung aus:

Dans l'article «SMS à des prix fous» adapté du journal «Les Clés de l'actualité», son auteur parle d'un problème particulier des propriétaires de téléphones portables. Souvent ces personnes reçoivent des faux SMS. Ce sont des sociétés qui envoient ces messages souvent amicaux et qui demandent au jeune de rappeler quelqu'un. Mais cela coûte très cher à la personne et la société fait du profit. La situation juridique n'est pas claire. Il y a une directive européenne qui interdit ces faux messages, mais la législation française ne connaît pas encore ce délit.

Direkte Rede – indirekte Rede
(*Le discours direct – le discours indirect*)

GRAMMATIK KOMPAKT

Da es in einem *résumé* keine wörtliche Rede gibt, musst du die Formen der indirekten Rede bilden können.

Aussagesatz
Ein Aussagesatz wird in den *discours indirect* verwandelt, indem du ein **einleitendes Verb** (*dire*, r*aconter* etc.) **+ que** verwendest.

direkte Rede	indirekte Rede
Pierre: «Je suis content.»	Le journaliste **dit que** Pierre est content.
Gisèle: «J'aime mon chien.»	Gisèle **dit qu'**elle aime son chien.

Fragesatz
Ein Fragesatz wird in den *discours indirect* verwandelt, indem du *demander* + das **Fragewort** verwendest (*est-ce que* wird zu *si*, die übrigen Fragewörter bleiben gleich).

Jean: «Pourquoi est-ce que le train ne part pas?»	Jean **demande pourquoi** le train ne part pas.
Mme Martin: «Est-ce que le sac est cher?»	Mme Martin **demande si** le sac est cher.

→ **Beachte:** Einige Formen der *adjectifs possessifs* und der *pronoms d'objets indirects* verändern sich!

direkte Rede	indirekte Rede	direkte Rede	indirekte Rede	direkte Rede	indirekte Rede
mon	son	mes	ses	me	se
ton	son	tes	ses	te	se
notre	leur	nos	leurs	nous	se
votre	son	vos	leurs	vous	se

Ausgangstext	résumé
Jean+Pierre: «C'est **notre** voiture.»	Jean et Pierre disent que c'est **leur** voiture.
Sandrine: «Pierre **m'**a donné 100 Euro.»	Sandrine dit que Pierre **lui** a donné 100 Euro.

GRAMMATIKAUFGABE

▶ **Setze den nachfolgenden Dialog in die indirekte Rede!**

MURIEL: Pascal, est-ce que tu connais l'indicatif de l'Allemagne?
PASCAL: Je pense que c'est le 0049.
MURIEL: Je ne me souviens plus. Est-ce qu'il faut faire le 0 (zéro) quand je fais le numéro d'un portable?
PASCAL: Non, tu ne dois pas faire le 0.
MURIEL: C'est terrible. Je n'arrive pas à envoyer mon SMS à Manuela.
PASCAL: Attends quelques minutes. Je vais t'aider.

INFO KOMPAKT

Schritt für Schritt zum *résumé*

① **Den Text überfliegen**

② **Den Text grob lesen**

③ **Die Hauptaussage formulieren**

④ **Vokabeln nachschlagen und den Text genau lesen**

⑤ **Das *résumé* schreiben**

Regeln zur Form
→ ca. 1/3 des Originaltextes lang
→ immer im *présent* schreiben
→ wörtliche Rede (*discours direct*) in indirekte Rede (*discours indirect*) umwandeln
→ keine Satzteile aus dem Originaltext übernehmen (wenn unbedingt nötig, mit Anführungszeichen als Zitat kennzeichnen)

Regeln zum Inhalt
→ die Hauptaussage (W-Fragen) kurz in einem Einleitungssatz nennen (*Dans le texte, il s'agit de ... / Le texte parle de ... / Dans le texte «...», l'auteur parle de ...*)
→ nur Fakten nennen, keine eigene Meinung (nicht: *je pense que / à mon avis* etc.)
→ nur Wichtiges notieren, keine Einzelheiten nennen oder den Text ausschmücken

⑥ **Das *résumé* korrigieren und überarbeiten**

Texto

Der Versand von SMS hat auch in Frankreich zur Folge, dass sich die neue Sprache *texto* entwickelt hat. Diese Nachrichten kann man als eine Schrift-Verkürzung ansehen.

▶ **Versuche, diese verkürzte Schreibweise aufzulösen und den Text der SMS in französische Standardsprache zu „übersetzen".**

```
Bjr, vs AV le
tps pour 1
Kfe ? :]
OK ms pas
avt 18h, G du
boulot. RDV
pour 1 (_)?. A+
```

Quelle: Anis, Jacques (2001): *Parlez-vous texto?* Paris: Le Cherche midi. 30.
© le cherche midi éditeur

2 Résumé Londres

Schreibe ein *résumé* zu dem Textausschnitt! Du kannst dazu die in **INFO KOMPAKT** beschriebenen Schritte systematisch durchgehen.

Also beginne mit dem **Überfliegen des Textes**: Wichtig ist u.a. herauszufinden, wer eigentlich die Geschichte erzählt: ein Junge, ein Mädchen?

Komme dann zu dem **groben Lesen** des Textes: Überlege, welche Wörter (Eigennamen) du unterstreichst, da sie offensichtlich das Gerüst des Textauszugs bilden!

In dem dritten Schritt geht es um die **Formulierung der Hauptaussage**. Dabei müsstest du von der *description de la situation d'une famille* sprechen.

Anschließend gilt es, **unbekannte Vokabeln** im Wörterbuch zu suchen. Vermutlich wirst du die folgenden Wörter nachschlagen:

- l. 3   sortir de ses gonds
- l. 7   débarquer
- l. 9   un demi-frère
- l. 14   ficher qc.
- l. 14   s'envenimer

Schließlich kommst du zum **Schreiben des** *résumé*.

Der letzte, ganz wichtige Schritt besteht in der **Korrektur und Überarbeitung** deines Textes.

Vergleiche dein *résumé* anschließend mit dem Text im Lösungsteil!

Laurence Cossé: Trois semaines à Londres

1 J'avais quinze ans. Ça n'allait pas très fort à la maison. Ma mère ne me comprenait pas. Mon père ne m'écoutait pas. Ils travaillaient beaucoup, tous les deux. Ma sœur Mimi avait huit ans, un vrai bébé.

5 Un jour où maman m'avait particulièrement énervée, je suis sortie de mes gonds. Je lui ai dit:
- C'est toujours la même chose. Ce que je peux dire ou vouloir, ça t'est bien égal. Au fond tu ne t'intéresses qu'à Paul. Tu n'aimes que lui.

J'ai cru qu'elle allait se mettre à pleurer. On devait être en janvier, ou en février, et elle n'avait pas vu Paul depuis des mois. Elle avait espéré le voir débarquer à Noël, mais il n'était pas venu.
10 Il n'avait même pas téléphoné.

Paul avait dix ans de plus que moi. C'était mon demi-frère. Maman l'avait eu très jeune, d'un homme dont elle ne parlait jamais. Ils ont vécu tous les deux seuls, elle et Paul. Ils habitaient dans le Nord de la France, je crois savoir que maman était partie le plus loin de sa famille, qui est du Sud-Ouest. Et puis maman s'est mariée, je suis née. Je ne m'en souviens pas, mais à ce qu'el-
15 le raconte, Paul est devenu très difficile. On s'était installés dans une maison au nord de Paris, à Enghien. Paul n'adressait pas la parole à papa, il ne fichait rien en classe. Il a passé son bac, et les choses se sont envenimées. Il n'a pas voulu faire d'études. Maman dit qu'il pouvait tout réussir. Elle avait rêvé la belle vie pour lui. Mais lui, une seule chose l'intéressait, c'était peindre. Même pas étudier la peinture, faire une école d'art, non. Peindre. Peindre toute la journée.
20 Bref, il a quitté la maison. J'avais sept ou huit ans, je m'en souviens très bien. Mimi venait de naître. Maman a été comme folle, des semaines.

Longtemps après, on a su que Paul vivait à Londres.

Extrait de: Cossé, Laurence (2004):Trois semaines à Londres. In: Bonnes vacances. Paris: Gallimard 73-74.

Résumé parachutisme

Schreibe zu dem folgenden Text ein *résumé*. Orientiere dich dabei an den Schritten aus **INFO KOMPAKT** von Seite 112. Vergleiche dein *résumé* anschließend mit dem Text im Lösungsteil!

La tête dans les nuages
Vacances évasion pour amateurs de sensations fortes.

«La première fois, mais aussi toutes les suivantes d'ailleurs, on a le ventre serré. Pourtant, il faut bien sauter. A ce moment-là, la peur s'évanouit, tout devient calme et on s'éclate.», raconte Astrid, 18 ans. Attirée par les sports extrêmes depuis toute jeune, elle a franchi le pas à 17 ans et s'est inscrite à un stage de parachutisme dans sa région, près de Lyon.

Pratique sensationnelle, le parachutisme reste cependant une discipline très stricte et bien encadrée. Pour pratiquer, il faut être âgé de 15 ans minimum, avoir une autorisation parentale si on est mineur, et se faire délivrer un examen médical.

«Une fois je suis partie en rotation. Quand on perd tous ses repères, le réflexe doit être d'ouvrir son parachute sous peine de s'écraser. Paniquée, je ne l'ai ouvert qu'à 700 mètres. Mais j'ai eu de la chance car, à 100 mètres près, mon parachute de secours s'ouvrait automatiquement.»

Texte raccourci, d'après: Ogiela, Laurence. *Phosphore* No 254/2002. 46.

Visite à Rouen

Wenn du einmal auf die Frankreichkarte schaust, findest du zahlreiche Städte, die mit dem Buchstaben „R" beginnen, u. a. *Rennes*, *Reims* und *Rouen*. Klicke einmal auf die Seite von *Rouen*, wo u. a. der bekannte französische Schriftsteller *Gustave Flaubert* geboren ist: **www.rouen.fr.** Auf der Startseite hast du die Möglichkeit, dir über zwei Webcams, die rund um die Uhr aktiv sind, einen Überblick über die Stadt zu verschaffen. Außerdem gibt es ein Video zum Herunterladen, mit dem du eine virtuelle Stadttour machen kannst.

▶ **Welchen Beruf haben die Personen, nach denen die „centres sportifs" in Rouen benannt sind?**

 TIPP In der Rubrik *Emploi, stage et formation* (écrire @ la ville → foire aux questions) findest du einen Link zu den aktuellen Stellenangeboten und Praktikumsplätzen in Rouen. Vielleicht wäre das etwas für dich?

Wörter lernen

Um Französisch zu sprechen und zu schreiben, braucht man Wörter. Doch das Vokabellernen klappt nicht immer: Vielleicht kennst du selbst die Situation, dass du übst und übst aber die Vokabeln trotzdem nicht behältst. Dein „inneres Wörterbuch" ist wie leer gefegt. In diesem Kapitel bekommst du Tipps, wie du Vokabeln besser lernen kannst. Mit verschiedenen Behaltenstechniken z. B. wird dein Wortschatz umfangreicher und du findest schneller die passenden Wörter.

▶ Schau dir die kleine Geschichte an! Sie stammt aus einem Bilderbuch für französische Kinder. Wo und was sucht Sorciflette, die kleine Hexe?

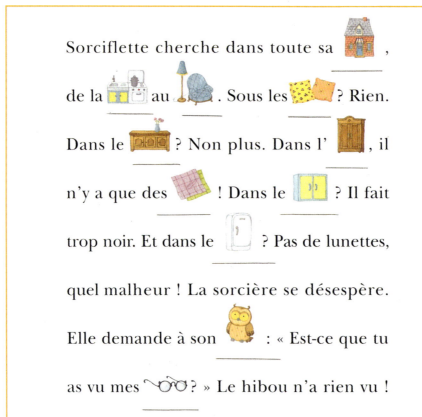

Quelle: Roger, Marie-Sabine (2002): *La sorcièere Sorciflette.* Champigny sur Marne: Editions Lito.

In dem Buch sind teilweise Bilder anstelle der Wörter eingesetzt. Versuche einmal, die fehlenden Wörter zu finden – entweder in deinem Gedächtnis oder im Wörterbuch und notiere sie. Hier begegnest du übrigens schon einer Behaltenstechnik. Kleine Zeichnungen und Bilder, die sich auf die Bedeutung des Wortes beziehen und die man neben die Wörter malt, können das Behalten unterstützen. Zu weiteren Techniken kommen wir später.

Die Wortarten

Eine Sprache besteht aus Wörtern verschiedener Wortarten. Du kannst dir das Französische wie eine große Kommode mit verschiedenen Schubladen (Wortarten) vorstellen, die mit Wörtern gefüllt sind. Wörter lernen bedeutet, die Schubladen der verschiedenen Wortarten aufzufüllen. Es reicht nicht aus, nur Verben zu kennen oder nur Substantive. Viele andere Wörter wie die Adverbien, die Adjektive oder auch die Pronomen sind nötig, um gut zu sprechen oder einen guten Text zu schreiben.

Illustration: Andi Wolff

Bei jeder Wortart gibt es eigene Schwierigkeiten für das Lernen und Behalten. Das liegt daran, dass jede Wortart anders angewendet wird. Nur wenn du die Anwendungsbedingungen kennst, wirst du das Wort erfolgreich verwenden.

Der folgende Text soll als Beispiel dienen. Er stammt aus einem französischen Jugendbuch, das von einem Mädchen handelt, das unbedingt eine Klasse wiederholen möchte. Die Eltern sind empört und gehen mit der Tochter zu einem Facharzt.

> Le docteur apparaît et les conduit dans son cabinet. Il porte une longue barbe. Il a de grands yeux levés vers le ciel … Il écoute longuement les parents. De temps en temps, il hoche la tête[1].
>
> 1 hocher la tête – *den Kopf schütteln*

Das Substantiv

 Übersetze einmal die Substantive aus dem obigen Text. Ist das Geschlecht der Substantive im Deutschen gleich?

Jede Sprache benennt die Dinge in der Welt auf eigene Weise. Dies zeigt sich z. B. beim Geschlecht der Substantive – dem ersten Lernproblem:

    le docteur – der Arzt
    le cabinet – das Sprechzimmer
    la barbe – der Bart
    le ciel – der Himmel
    la tête – der Kopf
    les parents – die Eltern
    les yeux, *m.* – die Augen, *f.*

Das Geschlecht der Substantive kann in zwei Sprachen ganz unterschiedlich sein. Also: **Lerne immer den Artikel mit!** Bei Wörtern, die nur im Plural verwendet werden (z. B. *les vacances*), musst du dir zusätzlich das Geschlecht (hier: weiblich) merken, damit du z. B. die richtige Adjektivform auswählst.

Ein weiteres Problem stellt sich beim Lernen der Pluralformen. Die Pluralbildung ist im Französischen in fast allen Fällen regelmäßig: Es wird einfach ein „**s**" an die Singularform angehängt.

    le docteur – les docteur**s**

Eine Besonderheit sind die Substantive, die auf „*-al*" oder „*-ail*" enden. Sie bilden in den meisten Fällen den Plural mit „**aux**".

    le journal – les journ**aux**
    le travail – les trav**aux**

Das Verb

> Kannst du die Verben aus dem Text von S. 118 in Gruppen ordnen?

Auch beim Lernen der Verben kannst du dir die Sache etwas leichter machen. **Lerne die Verben immer in der Grundform, im Infinitiv.** Der Infinitiv erlaubt dir, die Verben bestimmten Konjugationsgruppen zuzuordnen (Verben auf „-er", auf „-ir" mit „-ss" und auf „-re", „-ir" ohne „-ss" und „-oir"). Alle Verben, die zu derselben Gruppe gehören, werden im Präsens gleich konjugiert. So kannst du schnell die Endungen der Personen herausbekommen.

Einige der Verbformen von des Textes von S. 118 können verschiedenen Konjugationsgruppen zugeordnet werden :

> port**er**, écout**er**, hoch**er**
> apparaî**tre**, condui**te**

 zu den Verbgruppen vgl. **GRAMMATIK KOMPAKT** S.120

Aber beim Erlernen der Verben gibt es noch eine weitere Schwierigkeit: Ein Verb hat in der Regel eine Ergänzung (Ausnahme *il neige*) in Form eines Objekts oder eines Satzteils. Diese Ergänzung kann direkt sein, d. h. ohne Präposition oder indirekt mit Präposition (à oder de).

direkte Ergänzung

> Le docteur conduit **les parents** dans son cabinet.
> Il porte **une longue barbe**.

indirekte Ergänzung mit à oder de

> La fille commence **à parler**.
> Le docteur demande **aux parents de passer dans une autre pièce**.

Es reicht deshalb nicht aus, nur den Infinitiv eines Verbs zu lernen. **Du solltest den Infinitiv immer mit den Ergänzungen lernen**, damit du später einen korrekten Satz bilden kannst.

> conduire **qn**
> porter **qc**
> commencer **à faire qc**
> demander **à qn de faire qc**

GRAMMATIK KOMPAKT

Die Konjugation der Verben

Die Verben lassen sich in drei Konjugationsgruppen gliedern. Alle Verben einer Gruppe bilden ihre Formen nach dem selben Muster. Deshalb kannst du dir das Konjugieren vereinfachen, indem du diese Muster lernst.

Die Verben auf „-er"

écouter qc	
j'	écout**e** qc
tu	écout**es** qc
il/elle	écout**e** qc
nous	écout**ons** qc
vous	écout**ez** qc
ils/elles	écout**ent** qc

➡ **Ausnahme:** *aller* (unregelmäßig)
TIPP *ouvrir* und *offrir* werden auch auf diese Weise konjugiert.

Die Verben auf „-ir" (mit „-iss-")

Die meisten Verben auf „-ir" konjugiert man mit einer Erweiterung des Stamms um „-iss-" bei den Pluralformen.

réfléchir		
je	réfléch	**is**
tu	réfléch	**is**
il/elle	réfléch	**it**
nous	réfléch	**iss ons**
vous	réfléch	**iss ez**
ils/elles	réfléch	**iss ent**

Die Verben auf „-re", „-ir" (ohne „-iss-"), und „-oir"

attendre		dormir	
j'	attend **s** qc	je	dor **s**
tu	attend **s** qc	tu	dor **s**
il/elle	attend qc	il/elle	dor **t**
nous	attend **ons** qc	nous	dorm **ons**
vous	attend **ez** qc	vous	dorm **ez**
ils/elles	attend **ent** qc	ils/elles	dorm **ent**

apercevoir	
j'	aperçoi **s** qc
tu	aperçoi **s** qc
il/elle	aperçoi **t** qc
nous	apercev **ons** qc
vous	apercev **ez** qc
ils/elles	aperçoiv **ent** qc

Die Präsensformen der Verben musst du gut lernen. Am Beispiel der Verben der dritten Gruppe erkennst du, dass sich der Wortstamm bei diesen Verben im Präsens verändert. Dies zu wissen ist wichtig, weil die Präsensformen auch den Ausgangspunkt für andere grammatische Formen bilden:

→ Der **Imperativ** (die Befehlsform) im Singular wird über die 2. Person Singular Präsens gebildet (bei Verben auf „-er" ohne „s").

Demande à Monique. – Frag Monika!

> zum Imperativ vgl. Kapitel **Schär Müsjö Schierak** S. 88 ff.

→ Das *imparfait* wird vom Stamm der 1. Person Plural Präsens abgeleitet.

Hier, tu **pens**ais à ton frère.

→ Grundlage des **Partizip Präsens** (*participe présent*) ist ebenfalls die 1. Person Plural Präsens.

Voulant être bon en français, elle travaille beaucoup avec le vocabulaire.

GRAMMATIKAUFGABE

▶ Achtung – Fehlertext! Unterstreiche die fehlerhaften Verbformen und schreibe den Text mit den richtigen Formen ab!

Gisèle et son copain Martin sont à Paris. Le matin, ils réfléchissent à ce qu'ils pouvent faire pendant la journée. Martin propose d'aller tout de suite au Centre Pompidou. Gisèle dit: «Mais attend un peu. Tu sait bien que les œuvres d'art ne m'intéresse pas.» Martin réponds: «Pendant que je regarde les tableaux, tu peux aller dans un café. Boi un petit café et prends un croissant, si tu veux.»
Enfin Gisèle est d'accord et ils prendent le métro pour sortir à la station Les Halles.

GRAMMATIK KOMPAKT

Das Adjektiv

▶ Suche die beiden Adjektive in dem Text von S. 118!

Adjektive als Begleiter der Substantive haben eine männliche und eine weibliche Form, die manchmal gleich ist (*jaune, jaune*). Meist aber sind die Formen unterschiedlich. In dem Text von S. 118 findest du zwei Beispiele dafür, nämlich die Adjektive *longue* und *grands*.

Bei Adjektiven wie *grand* wird die weibliche Form regelmäßig durch das Anhängen eines „-e" gebildet (*grand – grande*). *Long* dagegen ist unregelmäßig: Aus dem Adjektiv *long* wird durch das Anhängen von „-ue" eine weibliche Form.

Es gilt also nicht immer die Regel „Die weibliche Form des Adjektivs wird durch das Anhängen eines „-e" an die maskuline Form gebildet." Bei einigen Adjektiven musst du sowohl die männliche als auch die weibliche Form lernen.

 zur Adjektivbildung vgl. **GRAMMATIK KOMPAKT** S. 78

Das Adverb

▶ Welche Adverbien enthält der Text von S. 118?

Der Beispieltext enthält zwei Adverbien. Das eine Adverb erkennst du an der typischen Endung „-ment", die an die weibliche Form des Adjektivs angehängt wird und die aus einem Adjektiv ein Adverb werden lässt. Es handelt sich um das Adverb *longuement*.

Außerdem gibt es Ort- oder Zeitadverbien mit einer eigenen Wortform. Dazu gehören Adverbien wie *ici*, *là*, *aujourd'hui*, *bientôt*, *demain*, *toujours*.

In dem Text von S. 118 ist es der Ausdruck *de temps en temps*.

Die Präposition

▶ Unterstreiche die Präpositionen in dem Text von S. 118! Hast du zwei Wörter unterstrichen?

Präpositionen werden sehr häufig in der französischen Sprache benutzt. In dem Text von S. 118 sind es *dans* und *vers*. Von ihrer Wortform her handelt es sich um kurze Wörter. Präpositionen sind zwar oft einfach zu schreiben, bereiten aber manchmal Schwierigkeiten beim Lernen und Anwenden.

Die häufigsten Präpositionen sind *à* und *de*. Ihre Anwendung wird in den meisten Fällen durch die Verben bestimmt. So heißt es z. B. immer *commencer **à** faire qc* oder *décider **de** faire qc*. Es ist absolut notwendig, dass du die Verben mit der zugehörigen Ergänzung lernst. Doch nicht jedes Verb hat eine Präposition (*à* oder *de*) als Ergänzung: Bei *aimer faire qc*, *préférer qc*, *savoir qc*, *pouvoir faire qc* usw. steht die Ergänzung ohne Präposition direkt hinter dem Verb.

Schließlich musst du gut aufpassen, denn im Französischen werden einige Präpositionen anders als im Deutschen verwendet.

    Ich trinke **aus** einer Tasse. – **Je bois dans un bol.**
    Ich spaziere **auf** der Straße. – **Je me promène dans la rue.**

Feste Regeln gibt es dabei nicht. Deshalb ist es wichtig, dass du beim Lernen nicht nur ein Einzelwort lernst, sondern ganze Ausdrücke wie z. B. *boire dans un bol*.

Die Konjunktionen

> Weißt du, welche Aufgabe Konjunktionen haben?

vgl. **INFO KOMPAKT** S.77

Vor allem für eine gute Argumentation oder Beschreibung solltest du möglichst unterschiedliche „Satzverknüpfer" (Konjunktionen) kennen. Eine Beschreibung, bei der die Sätze nur mit *et* verbunden werden, ist langweilig.

Fülle dein persönliches Wörterbuch systematisch mit weiteren Konjunktionen wie:
ou (oder), *parce que* (weil), *après que* (nachdem), *avant que* (bevor), *bien que* (obwohl), *car* (denn), *puisque* (da ja), *pendant que* (während), *à moins que* (außer, wenn)
Wichtig: Bestimmte Konjunktionen sind Auslöser für den *subjonctif* im Französischen. Aus der obigen Liste gehören dazu *avant que, bien que, à moins que*. Am besten du lernst das gleich zusammen:

    avant que + subjonctif
    bien que + subjonctif
    à moins que + subjonctif

zum *subjonctif* vgl. **GRAMMATIK KOMPAKT** S. 155 ff.

Eine Fehlerquelle ist die Unterscheidung zwische Präposition und Konjunktion: Einige Präpositionen werden versehen mit *que* zu einer Konjunktion.

    Pierre a mal à la tête **depuis** sa jeunesse. (→ Präposition)
    Depuis que je connais Pierre, il a mal à la tête. (→ Konjunktion)

Die Pronomen

> Welches Pronomen wird gleich viermal für *le docteur* in dem Text (S. 118) verwendet?

Pronomen wie das *il* aus dem Text, das *le docteur* ersetzt, braucht man häufig, um das Substantiv nicht immer zu wiederholen. Das Französische hat viele unterschiedliche Klassen und Formen von Pronomen. Außerdem ist die Verwendung der Pronomen nicht immer so wie im Deutschen. Für das Lernen solltest du dir die einzelnen Formen einprägen. Es gibt Pronomen im Französischen, die aus der gleichen Wortform bestehen, aber in verschiedenen Sätzen unterschiedliche Funktionen haben. Deshalb ist es ganz wichtig, dass du dir beim Lernen des Wortes immer auch die Funktion einprägst.

    Lui, il ne me salue pas.   (lui – betontes Personalpronomen)
    Je **lui** donne le livre.   (lui – indirektes Objektpronomen)

zum Personalpronomen vgl. **GRAMMATIK KOMPAKT** S.10

Die Zahlwörter

> Kannst du auf Anhieb die Zahl 97 auf Französisch sagen?

Zahlwörter bilden eigentlich kein Lernproblem. Allerdings bist du vielleicht unsicher beim Lesen und Schreiben wie so viele deiner Mitschülerinnen und Mitschüler. Wie wäre es mit folgendem Vorschlag? Anstelle die Zahlen einzeln zu lernen, baust du dir selbst „Eselsbrücken": Du lernst die Zahlen in 10er-Schritten jeweils in Verbindung mit Gegenständen aus einem Sachfeld (z. B. Zahlen von 20–30 mit Getränken oder Zahlen von 50–60 mit Kleidungsstücken). So lernst du die Zahlen und nebenbei noch zahlreiche Substantive.

    51 anoraks, 52 gants, 53 foulards, 54 manteaux, …

Behaltenstechniken zum Vokabellernen

Die bisherigen Tipps bezogen sich auf die Besonderheiten des französischen Wortschatzes. Nun geht es um das Behalten von Wörtern. Hier kommt es darauf an, dass du selbst weißt, welcher Lerntyp du bist. An einigen Beispielen erfährst du nun, wie du dein Vokabellernen wirkungsvoll gestalten kannst. Welche Technik ist für dich am günstigsten?

> zu den Lerntypen vgl. Kapitel **Französischlernen macht Spaß** S. 6 ff.

Behaltenstechnik I: Wortbündel bilden

Angenommen, du sollst die Wörter *la fête, à droite, la rue, le cadeau, avoir envie de faire qc, le stylo, il pleut, tout droit, un ami, avoir faim, oublier* zur nächsten Stunde lernen. Natürlich könntest du dir diese Wörter einfach in der Reihenfolge einprägen, wie sie im Vokabelverzeichnis auftreten. Du behältst die Wörter aber besser und länger, wenn du sie bündelst und diese Gruppen dann lernst.

Aus der Menge der genannten Vokabeln machst du z. B. drei Gruppen und bündelst die Wörter, die grob zu einem Thema gehören.

Illustrationen (3): Andi Wolff

Behaltenstechnik II: Wörter in eine Geschichte einbinden

Wir nehmen wieder die Wörter *la fête, à droite, la rue, le cadeau, avoir envie de, le stylo, il pleut, tout droit, un ami, avoir faim, oublier*.

Die Verbindung von eigenen Erlebnissen mit den neuen Wörtern ist für das Behalten eine große Hilfe. Du denkst z. B. an eine Einladung bei einem Freund. Du überlegst, welches Geschenk du mitgebracht hast, ob du Lust hattest, ihn zu besuchen, wie das Wetter war usw. Dann erfindest du einen Teil dazu und baust die neuen Vokabeln ein. Es könnte etwa die folgende Geschichte entstehen:

> Je suis invité à **une fête**, mais je **n'ai** pas **envie de** voir **mon ami** Paul. J'ai acheté **un stylo** comme **cadeau**. Je quitte mon appartement et cherche sa maison. C'est **à droite** et ensuite il faut aller **tout droit**. **Il pleut** et **j'ai faim**. J'arrive chez Paul mais **j'ai oublié** le cadeau.

Behaltenstechnik III: Wörter mit Zeichnungen oder Symbolen versehen

Vielen Schülerinnen und Schülern hilft es, sich kleine Symbole oder Bilder neben die neuen Vokabeln zu zeichnen.

Wenn du dir zusätzlich einprägen möchtest, wie die neuen Wörter geschrieben werden, kannst du sie auch mehrfach in unterschiedlicher Schrift oder Farbe abschreiben.

Illustrationen (11): Andi Wolff

Behaltenstechnik IV: Wörter laut nachsprechen

Das Lautbild eines Wortes ist eine wichtige Hilfe für manche Lerner, um sich Wörter einzuprägen. Wenn dies für dich eine sinnvolle Technik ist, dann sprich die Vokabeln beim Vokabellernen oft laut aus. Nutze auch einen Aufnahmegerät, um dir Wörter aufzunehmen und sie dir dann wieder vorzuspielen.

Die Wortbildung

Ein Tipp, um mit wenig Einsatz deinen Wortschatz zu erweitern: Aus einem Grundwort bildest du verschiedene weitere Wörter, indem du **Vorsilben** (Präfixe) oder **Endsilben** (Suffixe) hinzufügst. Die entstandenen Wörter gehören zu derselben „Wortfamilie".

certain	certain**ement**	**in**certain	la cert**itude** (f)	l'**in**cert**itude** (f)
Adjektiv	**Adverb**	**Adjektiv**	**Substantiv**	**Substantiv**
sicher	sicher	unsicher	die Sicherheit	die Unsicherheit

apprendre	l'apprent**issage** (m)	l'apprent**i** (m)	l'appren**ant** (m)
Verb	**Substantiv**	**Substantiv**	**Substantiv**
lernen	die Lehre/das Lernen	der Lehrling	der Lerner

Vorsilben

→ Die Vorsilben „**dé(s)-**", „**in-/im-/il**", „**mé-**" oder „**mé(s)-**" vor einem Wort führen zur gegenteiligen Bedeutung.

  légal – **il**légal
  espérer – **dés**espérer
  possible – **im**possible
  utile – **in**utile
  accord – le **dés**accord
  content – **mé**content
  aventure – la **més**aventure

→ Die Vorsilbe „**re-**" vor einem Verb oder Substantiv zeigt an, dass die Handlung wiederholt ausgeführt wird.

  dire – **re**dire
  faire – **re**faire
  commencement – **re**commencement

Endsilben

→ Die Endsilbe „**-ion**" hinter einem Wort bewirkt eine Substantivierung (aus einem Verb wird ein Substantiv).

  imaginer – l' imagin**ation** (f)
  circuler – la circul**ation** (f)

▶ Die Endsilbe „**-eur**" hinter einem Wort verändert ein Verb in ein Adjektiv oder Substantiv.

  compter – le compt**eur**
  travailler – travail**eur**

Wortarten

▶ Lies den folgenden Text und ordne die unterstrichenen Wörter in die Schubladen der Kommode (Wortarten).

> Le soleil brillait au-dessus de la mer, et c'était le premier matin des grandes vacances. Les toits rouges tout neufs du Palace Hôtel semblaient roses dans le lointain: sur la place devant l'hôtel, quelqu'un avait déjà ouvert les parasols. Mais Monsieur Robert, qui rentrait sans se presser de sa petite promenade quotidienne, s'en fichait pas mal des grandes vacances …
> Monsieur Robert pensait à Padovani.
> A voir Monsieur Robert, son gros ventre, sa veste usée aux coudes et aux poignets, personne n'aurait imaginé qu'il était détective.

Extrait de: Slocombe, Romain (1998): *Le détective du Palace Hôtel*. Paris: Syros.7.

Les substantifs (Substantive): _____

Les adjectifs (Adjektive): _____

Les adverbes (Adverbien): _____

Les prépositions (Präpositionen): _____

Les articles (Artikel): _____

Les adjectifs possessifs (Possessivpronomen): _____

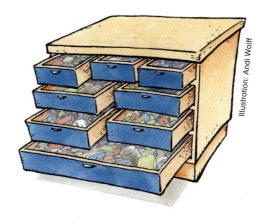

Illustration: Andi Wolff

2 Wortfamilie

▶ **Suche zu den Vokabeln drei weitere Wörter, die zu derselben Wortfamilie gehören.**

baigner: _____ _____ _____

chaud: _____ _____ _____

intérêt: _____ _____ _____

colorer: _____ _____ _____

poli: _____ _____ _____

3 Wortbündel

▶ **Bilde mit den Vokabeln Wortbündel.**

la question · le matin · fatigué · le palmier · le sable · l'étoile (f) ·
la voiture · revoir qn · faire attention à qc · gentil · le brouillard

4 Meine Geschichte

▶ **Binde die Vokabeln aus der vorigen Übung in eine kleine Geschichte ein.**

5 Merkbilder

▶ Zeichne kleine Merkbilder zu folgenden Wörtern!

la barbe

le maillot de bain

retourner

triste

6 Mots croisés

▶ Vervollständige das Kreuzworträtsel!

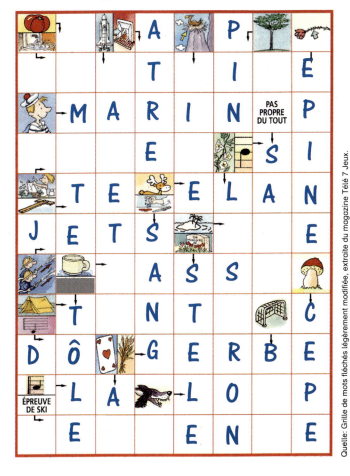

7 Lieblingsvokabelübung

Klicke auf www.bonjourdefrance.com/index/indexvocab.html. Hier findest du viele spielerische Übungen zum Vokabellernen. Vielleicht erstellst du sogar selbst einmal eine Vokabelübung für deinen Freund/deine Freundin?

▶ Welches ist deine Lieblingsvokabelübung?

SPRECHEN

Französisch – eine *ausgesprochen* schöne Sprache

Hörst du auch gerne zu, wenn sich Franzosen unterhalten, weil sich das Französische so schön anhört? Französische Wörter selbst immer richtig auszusprechen, ist allerdings gar nicht so einfach. Wenn du einem Franzosen beispielsweise sagst „J'ai [maʃe].", wird er glauben, dass du Kaugummi gekaut hast (*macher* – Kaugummi kauen). Du meintest aber „J'ai [maʀʃe]." und wolltest sagen, dass du zu Fuß gegangen bist (*marcher* – laufen/zu Fuß gehen)! Dieses Kapitel und die CD helfen dir, deine Aussprache zu verbessern, damit du dich in Frankreich ohne Missverständnisse unterhalten kannst.

 Schau dir die Abbildung an! Kannst du dir vorstellen, was ein Notenblatt mit der Aussprache zu tun haben könnte?

Gerade Sänger müssen die Wörter deutlich aussprechen. Außerdem spielt natürlich die Melodie in der Musik eine wichtige Rolle. Beides gilt auch für die Sprache. Es kommt einerseits darauf an, deutlich zu sprechen. Andererseits ist auch wichtig, den richtigen Tonhöhenverlauf zu treffen, damit z. B. eine Frage nicht aus Versehen als Aussage verstanden wird oder umgekehrt.

Die Lautschrift

Wenn du ein unbekanntes Wort im Wörterbuch nachschlägst, stößt du meist auf einen Hinweis, wie das Wort ausgesprochen wird. Dieser Hinweis steht in **eckigen Klammern** und ist in der so genannten **Lautschrift** geschrieben. Diese Zeichen zu kennen ist für dich ganz wichtig, damit du das Wort korrekt aussprechen kannst.

Lautschriftzeichen	Französische Beispielwörter	Wie wird das ausgesprochen?
	Vokale	
a	balle [bal], noix [nwa]	ein helles a wie in Ball oder Wasser
ɑ	pâte [pɑt], âme [ɑm]	dieser a-Laut ist etwas dunkler und länger als das a, eher wie ah in Bahn oder a in Kram
ã	dans [dã], lampe [lãp], entrer [ãtʀe], trembler [tʀãble]	ein nasal gesprochenes a
e	léger [leʒe], dessin [desɛ̃]	ein geschlossenes e wie in wedeln oder See, nur nicht ganz so lang
ɛ	sec [sɛk], mère [mɛʀ], tête [tɛt], lait [lɛ], neige [nɛʒ]	ein offenes e, wie in Welt, Erbse oder wie ä in hätte
ɛ̃	vin [vɛ̃], impair [ɛ̃pɛʀ], plainte [plɛ̃t], faim [fɛ̃]	ein offenes, nasal gesprochenes e
ə	que [kə], autrefois [otʀəfwa], petit [p(ə)ti], sabre [sabʀ(ə)]	ein *sehr kurzes* ö, ähnlich wie e am Wortende, z. B. in bitte, Rabe - es ist oft kaum noch zu hören
i	ici [isi], vivre [vivʀ(ə)]	wie i in nie oder in Mine, nur nicht ganz so lang
o	pot [po], rose [ʀoz], dôme [dom], taupe [top]	ein geschlossenes o wie in Boot oder Rohr, nur nicht ganz so lang
ɔ	sort [sɔʀ], poche [pɔʃ], Laure [lɔʀ]	ein offenes o wie in Mord oder Gong
õ	mon [mõ], rond [ʀõ], compte [kõt]	ein nasal gesprochenes o
ø	peu [pø], nœud [nø], yeux [jø], Europe [øʀɔp]	ein geschlossenes ö wie in böse oder hören, nicht ganz so lang
ʃ	chou [ʃu], mâcher [maʃe]	wie sch in Scholle, Fisch
z	rose [ʀoz], zéro [zeʀo]	stimmhaftes s wie in Sonne
ʒ	jaune [ʒon], majeur [maʒœʀ], ranger [ʀãʒe], gilet [ʒilɛ]	stimmhafter sch-Laut wie g in Genie oder Etage
l	long [lõ], aller [ale]	wie deutsches l
m	mère [mɛʀ], comment [kɔmã]	wie deutsches m
n	nez [ne], année [ane]	wie deutsches n
ɲ	gagner [gaɲe], vigne [viɲ]	nj-Laut wie in Kampagne

Lautschriftzeichen	Französische Beispielwörter	Wie wird das ausgesprochen?
ŋ	camping [kãpiŋ]	wie deutsch -ng in Ding
ʀ	rouge [ʀuʒ], mordre [mɔʀdʀ]	wie deutsches, im Rachen gesprochenes r, *kein* gerolltes r!
œ	seul [sœl], heure [œʀ], cœur [kœʀ]	ein offenes ö, etwa wie in Hölle, Mörder
œ̃	lundi [lœ̃di], parfum [paʀfœ̃], *oft auch:* [lɛ̃di], [paʀfɛ̃]	ein nasales ö, oft auch wie ɛ̃ gesprochen
u	soulier [sulje], amour [amuʀ]	ein geschlossenes u wie in Mut oder wie uh in Kuh
y	sud [syd], mûre [myʀ]	ein geschlossenes ü wie in müde
	Halbvokale	
j	abeille [abej], bien [bjɛ̃], yeux [jø], payer [peje]	wie deutsches j in jetzt oder wie i in Eier und Hai
w	oui [wi], trois [tʀwa], voyez [vwaje]	ein kurzes, *gleitendes* u, immer vor anderen Vokalen
ɥ	nuit [nɥi], nuage [nɥaʒ], luire [lɥiʀ]	ein kurzes, *gleitendes* ü, immer vor anderen Vokalen
	Konsonanten	
p	pont [põ], apporter [apɔʀte]	stimmloses p, aber *ohne Behauchung*, fast wie deutsch b
t	tirer [tiʀe], natte [nat], thé [te]	stimmloses t, aber *ohne Behauchung*, fast wie deutsch d
k	cou [ku], nacre [nakʀ], quoi [kwa], kayak [kajak]	stimmloses k, aber *ohne Behauchung*, fast wie deutsch g
b	bain [bɛ̃], abbé [abe]	weicher b-Laut wie in geben
d	dans [dã], monde [mõd]	weicher d-Laut wie in müde
g	garant [gaʀã], ragoût [ʀagu], gueule [gœl]	weicher g-Laut wie in fliegen
f	neuf [nœf], photo [foto]	wie deutsches f
v	vent [vã], rive [ʀiv]	wie deutsches w
s	son [sõ], tasse [tas], ces [se], glaçon [glasõ], nation [nasjõ]	stimmloser s-Laut wie in Wasser oder Mast

Du hast sicherlich festgestellt, dass die Lautschrift eine besondere Schrift ist, die nur dazu dient, dir bei der richtigen Aussprache zu helfen. Natürlich kannst du diese Schrift nicht in Diktaten verwenden. Es reicht, wenn du die Zeichen kennst. Du wirst sie aber selbst nur ganz selten schreiben müssen.

> **TIPP** Wenn du in deinem Vokabelheft einen Hinweis auf die Aussprache notieren möchtest, dann benutze lieber deine persönliche **„Banausenschrift"**.
>
> connaître – „konätr"
>
> haricot – „ariko"
>
> étui – „etüi"

Verwende am besten immer eine bestimmte Farbe für deine Aussprachehilfen, damit du sie nicht aus Versehen mit der richtigen Schreibung verwechselst.

Die Aussprache einzelner Laute

Wie jede andere Sprache, so hat auch das Französische seine ganz eigenen Laute. Manche Laute hören sich an wie die deutschen Laute, aber es gibt auch viele Unterschiede. Auf diese Unterschiede musst du bei der Aussprache besonders achten.

Die verschiedenen Formen des „e"

Es ist ganz wichtig, dass du die verschiedenen Formen des Vokals „e" richtig aussprichst. **Der Unterschied liegt im Öffnungsgrad des Mundes.**

regarder – Das erste „e" wird mit rundem, ziemlich geschlossenem Mund gesprochen (fast wie „ö"). Das „e" am Ende spricht man offener wie im deutschen Wort „Tee"

chercher – Das erste „e" sprichst du ganz offen, wie im deutschen Wort „meckern".

Die richtige Aussprache ist eine wichtige Voraussetzung für das richtige Schreiben. Wenn du ein Wort nicht auf Anhieb schreiben kannst, wirst du es dir innerlich vorsprechen und danach schreiben. Stimmt deine Aussprache nicht, kommt es schnell zu Fehlern.

10   **HÖRAUFGABE** „E"-Laute unterscheiden

- ▶ Höre dir die Aussprache der Wörter mit den verschiedenen Formen des „e" an!
- ▶ Sprich die Wörter mit geschlossenen Augen nach und achte dabei auf die Bewegungen deines Mundes, wenn du ein „e" sprichst!
- ▶ Lies nun selbst die Wortliste! Vergleiche deine Aussprache mit der, die du gehört hast!

> me / mes / mais
>
> de / des / dès
>
> mes / c'est / ce
>
> que / très / j'ai
>
> laid / les / le
>
> ne / le nez / ses
>
> la chaise / chez / se
>
> je / j'irai / j'irais
>
> le quai / la question / la guerre
>
> élégant / extraordinaire / frère

Die Nasale

Nasallaute sind nicht nur ein Merkmal der französischen Sprache. Sie treten auch in anderen romanischen Sprachen (im Italienischen oder im Spanischen z. B.) auf. Eigentlich sind sie nicht so schwer auszusprechen, aber ein bisschen Übung kann sicher nicht schaden.
Die Laute [ã] und [õ] sind besonders wichtig.

      entrer   [ãtre]
 introduction   [ẽtrodyksjõ]
   ambulance   [ãbylãs]

Schon diese Beispiele machen deutlich, dass Schreibung und Aussprache gesondert gelernt und geübt werden müssen.

11 **HÖRAUFGABE** Nasale unterscheiden

- Höre dir die Aussprache der Nasale genau an!
- Sprich die Wörter einzeln nach! Achte dabei besonders auf die Aussprache der Nasale!
- Lies nun die Wortliste und vergleiche deine Aussprache mit der, die du gehört hast!

> le pain / le singe / le citron
>
> la relation / rendre / la fin
>
> bon / tant / le vin
>
> le banc / le son / le Rhin
>
> un / l'an / le lin
>
> dans / combien / le pont
>
> le chemin / le cousin / le cochon
>
> vendredi / le matin / rond
>
> la situation / dimanche / pourtant
>
> le refrain / la conversation / le point

Die Bindung der Wörter

Die französische Sprache klingt deshalb so weich, weil die einzelnen Wörter lautlich gebunden und nicht – wie im Deutschen – einzeln gesprochen werden. Diese Bindungen nennt man **liaisons**. Sie sind aber kein überflüssiger Schmuck, sondern ein wichtiges Element für richtiges Sprechen und Verstehen.
Eine *liaison* wird immer gemacht, wenn zwei Wörter ganz eng zusammen gehören und das zweite Wort mit einem Vokal beginnt:

→ **Artikel und Substantiv**
   un_homme, les_enfants, les_anoraks, les_autres

→ **unbestimmtes Pronomen und Adjektiv**
   des_autres_amis

→ **Zahlwort und Substantiv**
   trois_enfants, dix_autres_élèves

→ **unbestimmtes Pronomen und Adjektiv**
   un_ancien_instituteur

→ **Personalpronomen und Verb**
   ils_ont, vous_avez, vous_allez

→ **en und Verb**
   il y en_a

→ **dans und nachfolgendes Wort**
   dans_un_an, dans_une boutique

12 **HÖRAUFGABE** Wörter binden

▶ Sprich die Wortpaare nach! Achte dabei besonders auf die Bindungen!
▶ Nun halte den Text zu und sprich die Wortpaare frei nach!

> un_homme
> les_enfants
> les_anoraks
> les_autres
> trois_enfants
> dix_autres_élèves
> un_ancien_instituteur
> des_autres_amis
> ils_ont
> vous_avez
> vous_allez
> il y en_a
> dans_un_an
> dans_une boutique

Die Satzmelodie

Erinnere dich noch einmal an das Notenblatt zu Beginn des Kapitels. Das Französische ist eine sehr melodische Sprache. Vielleicht hast du sogar den Eindruck, dass die Franzosen ihre Stimme „zu sehr" heben und senken – sodass es für deine Ohren fast lächerlich wirkt. Aber die Satzmelodie ist im Französischen sehr wichtig, weil von ihr eine Information für den Hörer ausgeht.

Die Äußerung *D'accord, tu viendras à 18 heures ce soir.* hat unterschiedliche Bedeutungen, je nachdem, ob du am Ende der Äußerung die Stimme hebst oder senkst. Im ersten Fall handelt es sich um eine Frage, während das Senken der Stimme verbunden ist mit dem Hinweis „Ich stelle etwas fest." („Einverstanden, kommst du um 18 Uhr?" bzw. „Einverstanden, du kommst um 18 Uhr.")

Du solltest dich bemühen, beim Sprechen die typische Satzmelodie des Französischen zu verwenden.

13   **HÖRAUFGABE** *Satzmelodie nachsprechen*

- Sprich die Sätze einzeln nach und achte dabei auf die Satzmelodie!
- Halte nun den Text zu und sprich die Sätze frei nach!

Das Gerundium (Le gérondif)

Im Französischen gibt es ein Sprichwort, das lautet: *C'est en forgeant qu'on devient forgeron*, was soviel heißt wie „Übung macht den Meister". Das gilt natürlich besonders für die Aussprache. Aber wir wollen uns an dieser Stelle einmal die Konstruktion des französischen Sprichwortes ansehen. Es handelt sich um ein *gérondif*, das *Gerundium*, wie es im Lateinischen heißt, oder *gerund*, wie die Engländer sagen. Es ist eine Form, die auch in anderen Sprachen auftritt.

Bildung

Das *gérondif* besteht aus zwei Elementen: aus dem **en** sowie dem **participe présent**, das du bildest, indem du von der Form des 1. Person Plural Präsens die Endung streichst und „*-ant*" anhängst. Das *gérondif* ist unveränderlich.

> nous fermons – **en** ferm**ant**
> nous faisons – **en** fais**ant**
> nous chassons – **en** chass**ant**

Anwendung

Das *gérondif* bezeichnet immer die Gleichzeitigkeit von Handlungen.
Ein *gérondif* kann anstelle eines Nebensatzes stehen.

> **En** fais**ant** ses devoirs, Marie regarde la télé.
> Pendant que Marie fait ses devoirs, elle regarde la télé.

Das *gérondif* hat dadurch den Vorteil, Abwechslung in deine Äußerungen zu bringen. Folgende Nebensätze können durch das *gérondif* ersetzt werden:

→ **Modalsatz**
   En se serv**ant** d'un tournevis, Pierre a réussi à réparer la télévision.

→ **Kausalsatz**
   En regard**ant** en arrière, le chauffeur a évité une collision.

→ **Konzessivsatz**
   Pascale écoute la musique tout **en** pens**ant** à l'interro de demain.

→ **Temporalsatz**
   Je vais acheter le journal **en** all**ant** à la station de métro.

Achtung: Das *gérondif* und der Hauptsatz haben immer das selbe Subjekt.

▶ **Übersetze!**

1. Als ich den Mann sah, hatte ich Angst.
2. Immer wenn ich die Hausaufgaben mache, höre ich Radio.
3. Weil ich die Lösung vom letzten Mal fand, konnte ich die Aufgabe machen.
4. Indem ich Sport mache, bleibe ich in Form (*en forme*).

1 Lautschrift

▶ Sprich die Ausdrücke laut aus, wie sie in der Lautschrift stehen!
▶ Finde die Ausdrücke, die sich hinter der Lautschrift verbergen und schreibe sie in Normalschrift!

[døzjɛm] _____
[ɛksplike] _____
[jyɛ̃] _____
[syʀ] _____
[tʀɛ] _____
[wikɛnd] _____
[jyst] _____
[amitje] _____
[bijɛ] _____
[dinamik] _____
[səfilmɛtynpʀɔdyksjɔ̃almɑ̃d] _____

2 Banausenlautschrift

▶ Schreibe die Wörter in deiner persönlichen Banausenlautschrift!

1. le moment _____
2. le garage _____
3. paraître _____
4. la prononciation _____
5. difficilement _____
6. la terrasse _____

3 Ein Gedicht nachsprechen

▶ Sprich das klangvolle Gedicht *Il est beau* so oft nach, bis du es ganz flüssig lesen kannst!
▶ Schaffst du es, das Gedicht auswendig zu sprechen?

Il est beau

Il est beau le tableau
Il n'est pas beau le crapaud[1]
Il est chaud le réchaud[2]
Il n'est pas chaud l'esquimau
Il est haut le château
Il n'est pas haut le bateau
Il est costaud[3] le taureau[4]
Il n'est pas costaud le moineau[5]
Et l'artichaut[6]?
Il est juste comme il faut.

1 le crapaud – *die Kröte*; **2** le réchaud – *die Kochplatte*; **3** costaud – *stark*;
4 le taureau – *der Stier*; **5** le moineau – *der Spatz*; **6** un artichaut – *Artischocke*

Quelle: www.indiana.edu/~elemfren/F200/pronunciation5.htm

4 Einen Text betont vorlesen

▶ Lies den Ausschnitt aus dem Jugendbuch *Le professeur a disparu*! Halte die CD so lange an!
▶ Du hast den Text gelesen? Dann hör ihn dir nun an.
▶ Lies den Text nun selbst! Achte dabei auf Aussprache und Satzmelodie!

Ma chère Lucie,
Je n'ai pas beaucoup de temps pour t'écrire parce que je suis à la gare et que le train s'en va dans trois minutes ... Est-ce que je t'ai parlé de ce concours d'histoire organisé par la ville pour les classes de collèges?
Eh bien, c'est moi qui ai gagné! Moi, et deux autres garçons de la classe. Dans trois minutes, c'est le départ. Pour une semaine. Je suis très excitée et en même temps j'ai la cafard. J'aurais tellement aimé partir avec toi!
Mais voilà notre professeur et les garçons. Il faut que je te quitte. Je continuerai cette lettre plus tard. Même pas le temps de te dire où nous allons!

Quelle: Arrou-Vignod, Jean-Philippe (1989): *Le professeur a disparu.* Paris: Gallimard.7. © Editions GALLIMARD

Titeuf

Magst du Comics (im Französischen BD – *bandes dessinées* genannt)? Zur Zeit sind bei den französischen Jugendlichen die Alben mit Titeuf und seiner Bande Tchô! der Renner. Mit der Suchmaschine www.google.fr kommst du über „Titeuf" zu verschiedenen Homepages, die alle von dem „magischen" Helden handeln.

▶ **Wie heißt der Zeichner von Titeuf mit richtigem Namen?**

 TIPP Auf der Seite des Verlags Glénat (www. glenat.com) kannst du dir kostenlos Bildschirmschoner von *Titeuf* herunterladen (→ *Titeuf* → *fonds d'écrans*)!

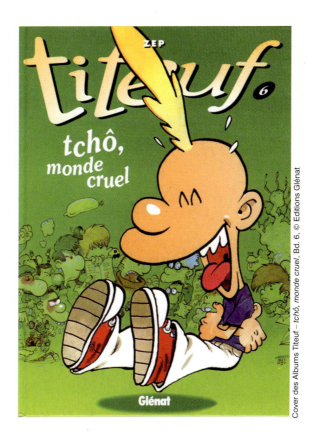

Cover des Albums Titeuf – *tchô, monde cruel*, Bd. 6, © Editions Glénat

SPRECHEN

In einem Gespräch mitreden

Dein gelerntes Französisch in einem Gespräch anzuwenden, ist das Wichtigste überhaupt, weil du außerhalb der Schule öfter sprichst als schreibst. Schwierig erscheint das Sprechen vielen Schülerinnen und Schülern, weil sie Angst vor Fehlern haben. Doch Fehler sind ‚normal' auf dem Weg des Fremdsprachenlernens. Und Sprechen lernt man nur durch Sprechen. Nutze deshalb jede Gelegenheit, dich auf Französisch zu unterhalten: Schalte dich in der Schule in das Unterrichtsgespräch ein, auch wenn du dich manchmal überwinden musst und sprich mit Franzosen, die dir begegnen. Dieses Kapitel zeigt dir, worauf du in Gesprächen achten musst.

▶ Schau dir das Foto an! Dieser Szene ist sicherlich eine Begrüßung vorausgegangen. Worüber sprechen die Personen? Erfinde einen kurzen Dialog (mit Begrüßung und Verabschiedung), der zu der Situation auf dem Bild passen könnte!

Foto: Bilderbox

Die Gesprächseinleitung

Wie ein schriftlicher Text, so haben auch Gespräche eine „Einleitung". Die Personen nehmen erst einmal Kontakt zueinander auf. Die einleitenden Sätze eines Gesprächs erlauben dem Sprecher, sich auf die (Fremd-)Sprache einzustellen und z. B. die Lautstärke der Stimme der Umgebung anzupassen.

Persönliches Gespräch

Vielleicht kennst du bereits die Formel *Ça va?* (am Ende mit gehobener Stimme), auf die meist mit *Ça va.* (mit einem Senken der Stimme am Ende) geantwortet wird. Sie ist eigentlich keine wirkliche Frage. Diese Formel hat die Funktion, das Gespräch zu eröffnen. Als Person, die mit *Ça va?* angesprochen wird, solltest du nicht nach einer langen Erklärung suchen, sondern einfach mit *Ça va.* antworten.

Telefongespräch

Am Telefon meldet sich die angerufene Person in Frankreich meist mit *Allô?* ohne den Namen zu nennen. Der Anrufer muss nun nachfragen, ob er die gewünschte Person auch wirklich am Telefon hat.
Dies ist ein typischer Dialoganfang (je eine Formulierung wählen):

Telefonklingeln

Angerufene Person	Anrufer
„Allô?"	„C'est Christian?"/ „C'est Monsieur Lafarge à l'appareil?"
„Oui, c'est Christian."	„Salut Christian, c'est Philippe, ça va?"
„Oui, ça va."	„Je te téléphone pour te demander, si …"

TIPP Auch wenn du ein Referat auf Französisch hältst, solltest du die ersten Sätze nutzen, um dich einzusprechen und die Aufmerksamkeit deiner Mitschülerinnen und Mitschüler zu wecken. Du könntest z. B. so anfangen:

Salut. Aujourd'hui je vais parler des élections en France.
C'est un sujet qui m'intéresse beaucoup.
Si vous ne me comprenez pas, faites signe.
Tout d'abord …

Sich an einem Gespräch beteiligen

Gerade wenn du mit Franzosen diskutierst, wirst du merken, dass oft mehrere Personen zur gleichen Zeit sprechen. Wenn du darauf wartest, dass jemand aufhört zu reden, kommst du nicht weit. Du kannst ruhig parallel zu den anderen anfangen zu sprechen. Die Folge wird sein, dass nach und nach die anderen Sprecher aufhören werden zu reden, um deine Argumente zu hören. Zu große Zurückhaltung und das „Aussprechen lassen" bringen dich in Gesprächssituationen mit Franzosen oft nicht weiter.

TIPP Achte auf den Gesichtsausdruck (Mimik) und die Körperhaltung (Gestik) der anderen Personen. Körpersprache kann dir sehr helfen, eine Äußerung zu verstehen.

> zu den Verstehenstechniken vgl. Kapitel **Texte hören & verstehen** S. 39

Diskutieren – Argumentieren

Wenn du mit Freunden sprichst, geht es oft um deine Meinung zu Personen oder Sachverhalten. Egal, ob du nun deine Meinung zu dem Verhalten eines Freundes, zu der Handlung eines Films oder zu dem Urteil einer anderen Person abgibst, du musst im Gespräch oder in der Diskussion deinen Standpunkt argumentativ vertreten. Dazu brauchst du bestimmte Redewendungen:

> Moi, je pense que …
> A mon avis, …
> En ce qui me concerne, …
> Je suis d'accord quand tu dis …
>
> Il est clair que …
> Il est évident (engl. „evident", dt. „offensichtlich") que …
> On constate que (Man kann feststellen, dass) …
>
> D'un côté, … De l'autre, …
> D'une part, … D'autre part, …

Solche Redewendungen solltest du lernen, bis du sie in ganz unterschiedlichen Zusammenhängen sicher verwenden kannst.

Zustimmen oder ablehnen

In vielen Situationen musst du einer Sache zustimmen oder eine Sache ablehnen. Dies sind immer heikle Situationen. Neben dem angemessenen Gesichtsausdruck (Mimik) sind hier auch die passenden sprachlichen Ausdrücke nötig. Wichtig ist, dass du die Äußerung immer nach der Situation und den Gesprächsteilnehmern wählst.

> **Ausdrücke der Zustimmung**
> Je suis d'accord.
> Oui, merci.
> Très volontiers.
> Avec plaisir.
> Oui, très bien.
> Super.
>
> **Ausdrücke der Ablehnung**
> Je ne sais pas.
> Non, merci.
> Je ne suis pas d'accord.
> Ah non!
> Je n'accepte pas.

Auf jeden Fall solltest du *Je veux* … oder *Je ne veux pas* … vermeiden. Diese Ausdrücke könnten als zu direkt und unhöflich aufgefasst werden. An ihrer Stelle verwende besser *Je voudrais* … oder *Je ne voudrais pas* …

Das Gespräch beenden

So wie es bestimmte Redewendungen für die Gesprächseinleitung gibt, so gibt es auch bestimmte Wendungen, um ein Gespräch zu beenden:

> Voilà, à bientôt.
> Merci, au revoir.
> Je pense qu'on est d'accord. Au revoir.
> A la prochaine (fois).

10 Regeln zum Gesprächsverhalten

1. Sprich deutlich!

2. Mache ruhig Pausen, wiederhole einzelne Gedanken oder fange Sätze neu an! Das ist im Alltagsgespräch kein Problem.

3. Frage nach, wenn du etwas nicht verstanden hast!

4. Formuliere anfangs eher kurze und einfache Sätze, um Sicherheit zu gewinnen!

5. Sieh deine Gesprächspartner beim Reden an!

6. Achte auf den Gesichtsausdruck deines Gesprächspartners, wenn du etwas sagst!

7. Verstärke deine Aussagen durch Handbewegungen (Gesten)!

8. Bringe selbst Gedanken in das Gespräch ein und warte nicht erst, bis du zum Reden aufgefordert wirst!

9. Nimm Teile der Aussage deines Gesprächspartners auf, um auf deine Aussage überzuleiten!

10. Sei im Gespräch klar, freundlich und witzig!

Die Objektpronomen *(Les pronoms compléments)*

Gerade in einem Gespräch versucht jeder Sprecher, zeitsparend und wirksam zu handeln. Die Wörter, die er verwendet, sollten deshalb bewusst gewählt werden. In den folgenden Sätzen ist dies nicht der Fall:

> Est-ce que tu as rencontré Pierre? Oui, j'ai rencontré Pierre.
> Monique a posé la question à sa mère? Oui, elle a posé la question à sa mère.

In dem zweiten Satz werden jeweils die Objekte wiederholt. Diese Wiederholungen sind unnötig! Mit Pronomen kann man die Sätze kürzer und sprachlich eleganter machen. Pronomen werden anstelle von Nomen verwendet.

direktes Objektpronomen	le, la, l'	les
indirektes Objektpronomen	lui	leur

Das direkte Objektpronomen

Das direkte Objekt kannst du daran erkennen, dass es direkt (ohne Präposition) auf die Verbform folgt. Die Wahl des direkten Objektpronomens richtet sich nach dem Geschlecht des Nomens, für das es eingesetzt wird.

> Géraldine regarde la télé du matin jusqu'au soir. – Géraldine la regarde du matin jusqu'au soir.
> J'ai acheté le téléphone portable pour Jacques hier. – Je l'ai acheté hier.

Das indirekte Objektpronomen

Das indirekte Objektpronomen ersetzt immer die Präposition à und ein Nomen.

> Adrien téléphone à Monique.   Adrien lui téléphone.
> Chantal parle aux Dupont.   Chantal leur parle.

Die Form leur wird in diesem Fall nicht verändert.

Die Stellung der Objektpronomen

Direkte und indirekte Objektpronomen stehen immer **vor der konjugierten Verbform**. Die Formen des direkten Objektpronomens stehen vor denen des indirekten Pronomens.

> Tu as dit la vérité à ton père? Oui, je **la lui** ai dite.

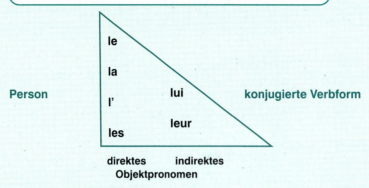

Bei Sätzen mit einem modalen Hilfsverb (u.a. *vouloir*, *devoir*, *pouvoir*, *savoir*), nach denen – wie im Deutschen – immer ein Infinitiv steht (Ich kann singen), stehen die Objektpronomen direkt vor dem Infinitiv.

> Tu sais chanter la nouvelle chanson de Renaud? Oui, je sais **la** chanter.

„en" bei Mengenangaben

Pascal mange **un sandwich**.	Pascal **en** mange **un**.
Jérôme ne mange **pas de pain**.	Jérôme **n'en** mange **pas**.
Carlo boit **trois bouteilles de limonade**.	Carlo **en** boit **trois**.
Hélène a **deux frères**.	Hélène **en** a **deux**.

Auch bei diesen Sätzen folgt auf die Verbform ein direktes Objekt, und du könntest versucht sein, diesen Satzteil jeweils durch *le*, *la* oder *les* zu ersetzen. Dies wäre aber falsch: Wenn das direkte Objekt mit einer Mengenangabe verbunden ist, darfst du den Satzteil nur durch das Pronomen **en** ersetzen. Und du nimmst die Mengenangabe – außer bei verneinten Sätzen – wieder am Ende des Satzes auf.

Treten **en** und **lui** oder **leur** in einem Satz auf, steht **en** immer nach **lui** oder **leur**.

> Tu as donné un sandwich à Gisèle ? Oui, je **lui en** ai donné un.

GRAMMATIKAUFGABE

▶ Ersetze die Objekte durch ein Pronomen.

a. Est-ce que tu as acheté **deux DVD** hier? Oui, j' …

b. Jean demande souvent conseil **à ses amis**? Oui, il …

c. Alex a bien répondu **à son père**? Non, il …

d. Est-ce que tu aimes **les frites**? Non, je …

e. Tu as connu **la sœur de Marcel**? Oui, je …

f. Est-ce que Pierre a offert **sa caméra à Madame Laborde**? Oui, il …

ÜBUNGEN

1 Im Alltag spontan reagieren

▶ Hier kannst du üben, dich spontan auf Französisch zu äußern.
Lies die verschiedenen Situationen aus dem Alltag und überlege dir jeweils eine Reaktion.

1. Devant le guichet du cinéma, il y a la queue (Schlange). Tout à coup, il y a une jeune fille qui essaie de se placer devant toi.

2. Tu as acheté cinq cartes postales à 1 euro chacune. Le vendeur te demande 6 Euros.

3. Tu as vu dans la vitrine d'une boutique un joli objet dont tu ne connais pas le nom. Tu entres dans le magasin et tu expliques ce que tu veux acheter.

4. Tu es dans un train et tu as choisi un compartiment non-fumeur. Tout à coup tu sens de la fumée et tu vois qu'une femme a commencé à fumer.

5. Après un vol avec Air France pour Paris, tu attends ta valise au tapis des bagages. Les bagages arrivent et tu vois qu'une autre personne prend ta valise.

2 Improvisation

▶ Versuche, mindestens 30 Sekunden lang zu einem folgenden Themen zu sprechen!

1. mon voyage le plus intéressant

2. mon livre préféré

3. mon téléphone portable

4. mon chien / mon chat

5. mon magasin préféré

3 Zeugenaussage

▶ Lies den Zeitungsartikel.
▶ Stell dir vor, du hättest am Tag des Diebstahls eine Person gesehen, die sich an dem Auto zu schaffen gemacht hat. Du rufst bei der Polizei an. Was sagst du? Führe laut das Gespräch.

DNA DERNIERES NOUVELLES D'ALSACE — HAUT-RHIN

Vol de voiture

EGUISHEIM. - En quittant son travail, l'habitante d'Issenheim s'attendait évidemment à retrouver son véhicule stationné place de la mairie à Eguisheim. Mais sa Peugeot 206 avait disparu. Le voleur a sévi entre 14h et 17h30 et la brigade de gendarmerie de Wintzenheim invite les éventuels témoins à la contacter au 03 89 27 01 52.

Quelle: Dernières Nouvelles d'Alsace, 08. August 2002

4 Liedtexte

Unter der Adresse **www.paroles.net** findest du die Liedtexte von unzähligen Sängerinnen und Sängern aus der ganzen Welt und natürlich aus Frankreich. Diese Internetadresse hat nur einen großen Nachteil: Du wirst kaum wieder davon loskommen!

▶ **Welche Single ist im Moment an der Spitze der am besten verkauften Hits in Frankreich?**

Sich selbst einschätzen

Sicherlich hast du dich schon oft gefragt: Wie gut bin ich in Französisch wirklich? Die Antwort auf diese Frage ist nicht nur wichtig, um deine Zeugnisnote einzuschätzen. Wenn du weißt, wie gut du in Französisch bist, weißt du auch, ob und wo du deine Anstrengungen verstärken musst. Und schließlich musst du dein eigenes Leistungsvermögen genau kennen, um dich für einen (Ferien-)Job zu Hause oder in einem französischsprachigen Land bewerben zu können. Doch wie erfährst du, wie gut du wirklich bist? Mit den Beschreibungen und Übungen in diesem Kapitel kannst du selbst einschätzen, auf welcher Stufe du stehst.

Schau dir das französische Zeugnis an.
In welchen Fächern hat der Schüler/die Schülerin gute Noten?

Eine 14 in *mathématiques* – Was bedeutet denn das? Ist das eine gute Leistung? In Frankreich gibt es nicht wie bei uns die Noten 1 bis 6, sondern die Noten 1 bis 20, wobei 20 die beste Note ist. Neben der Note findest du noch die persönliche Einschätzung des jeweiligen Fachlehrers.

Nun stell dir einmal folgende Situation vor: Du möchtest gerne in den Sommerferien einen Ferienjob in Frankreich annehmen. Bekannte haben eine Adresse herausgefunden, und du schickst dein deutsches Zeugnis mit der Note 4 in Französisch an den Besitzer des französischen Cafés, in dem du arbeiten möchtest. Kann er sich eigentlich ein Bild von deinen Sprachkenntnissen machen? Wie kann er wissen, ob du mit einer 4 so gut sprichst, dass du den Job machen kannst? Noch schwieriger wird es, wenn er zugleich eine Bewerbung von einer Schülerin aus Kroatien oder einem italienischen Schüler erhalten hat, wo wieder mit anderen Notensystemen gearbeitet wird.

ETABLISSEMENT	NOM : PETER	**1er**
COLLEGE...	PRENOM : Jonathan	TRIMESTRE
Ottmarsheim	CLASSE : 4°1	1996/1997

DISCIPLINES	Moyenne Trimestrielle	Note plus haute de la classe	Note plus basse de la classe	Moyenne de la classe	APPRECIATIONS DES PROFESSEURS
Mathématiques	13,5				Assez bon trimestre. Jonathan est capable de mieux
SCIENCES EXPERIMENTALES Sciences Physiques	14,5				De réelles possibilités.
Sciences Naturelles	12				Bon trimestre
SCIENCES HUMAINES Histoire Géographie Economie Ed.Civique	16				Très bon trimestre. TB participation orale.
FRANCAIS Orthographe Grammaire	13,5	14,5	02	7,5	Trimestre encourageant mais Jonathan a toujours du mal à se tenir tranquille.
Rédaction	13	17	6,5	11,9	
Lecture Expliquée	12,5	13,5	2,5	8,1	
Récitation	14				
Langue Vivante I Allemand oral	16,5				Très bien.
écrit	15,5				
Langue Vivante II Anglais oral	15,5	18	11	16,3	Très actif en classe. Bon trimestre continue.
écrit					
Technologie	12,3	16	3,8	12,5	Ensemble correct
EDUCATION ARTISTIQUE Arts Plastiques	13				A. Bien
Education Musicale	12				M.A peut sûrement mieux faire...
Education Physique et Sportive	14	19,5	9,7		Bon travail
Education Religieuse	13	15	7		Assez bien
OPTIONS Renfort. Anglais	0=16 E.R				Très bon élève à l'oral, Jonathan a un peu plus de mal à l'écrit...

Nombre de DEMI-JOURNEES d'ABSENCE : 02

APPRECIATION GENERALE DU CHEF D'ETABLISSEMENT OU DU PROFESSEUR PRINCIPAL :

Bon trimestre - Encouragements du conseil de classe.

SICH SELBST EINSCHÄTZEN

Das europäische Sprachenportfolio

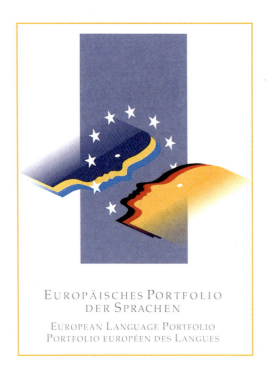

Es war bisher unmöglich zu wissen, welche Leistung wirklich hinter einer Schulnote steht. Um diese Situation zu verbessern, hat man auf europäischer Ebene ein System entwickelt, das *für alle europäischen Länder* und *für alle Sprachen* gilt: Es ist das so genannte europäische Sprachenportfolio.

Der Hauptteil des Sprachenportfolios ist ein **Sprachenpass**: Hier gibt es klare Beschreibungen, wie gut jemand eine Sprache beherrscht – die Kompetenzstufen A1 bis A 6. Diese Stufen sind für Französischlerner in Italien genauso gültig wie für Französischlerner in Schweden, in Spanien oder in Deutschland. Über den Sprachenpass bekäme unser Cafébesitzer sofort einen Eindruck davon, was die Bewerber um den Ferienjob wirklich schon auf Französisch ausdrücken können.

Ein weiterer Teil des Sprachenportfolios ist die **Sprachen-Biografie**. Hier kannst du deinen sprachlichen Werdegang aufschreiben, vom Unterricht in der Schule bis zu Besuchen mit deinen Eltern im Ausland. Und du kannst z. B. notieren, was du gelernt hast oder was dir aufgefallen ist.

Der dritte Teil des Sprachenportfolios ist das so genannte **Dossier**, in dem du alle Arbeiten sammeln kannst, die du bei deinem Sprachenlernen angefertigt hast. Also z. B. Texte, die dir besonders gut gelungen sind, aber auch Fotocollagen oder Zeichnungen.

Die Stufen A1 bis C2

In den herkömmlichen Zeugnissen benotet dein Lehrer / deine Lehrerin deine Leistung. Im Sprachenpass des Portfolios dagegen wirst du mit in die Verantwortung genommen: Du lernst hier, selbst deine Leistung einzuschätzen und vergleichst diese Einschätzung anschließend mit der deines Lehrers oder deiner Lehrerin.
Am Beispiel des Bereichs Schreiben siehst du nun, wie die Stufen A1 bis C2 im Sprachenpass aussehen. Sie können dir helfen, dich selbst einzuschätzen.

Schreiben

A1 Ich kann eine kurze, einfache Postkarte schreiben, z. B. Freiengrüße. Ich kann auf Formularen, z. B. in Hotels, Namen, Adresse, Nationalität u.s.w. eintragen.

A2 Ich kann kurze, einfache Notizen und Mitteilungen schreiben. Ich kann einen ganz einfachen persönlichen Brief schreiben, z. B. um mich für etwas zu bedanken.

B1 Ich kann über Themen, die mir vertraut sind oder mich persönlich interessieren, einfache zusammenhängende Texte schreiben. Ich kann persönliche Briefe schreiben und darin von Erfahrungen und Eindrücken berichten.

B2 Ich kann über eine Vielzahl von Themen, die mich interessieren, klare und detaillierte Texte schreiben. Ich kann in einem Aufsatz oder Bericht Informationen wiedergeben oder Argumente und Gegenargumente für oder gegen einen bestimmten Standpunkt darlegen. Ich kann Briefe schreiben und darin die persönliche Bedeutung von Erfahrungen und Ereignissen deutlich machen.

C1 Ich kann mich schriftlich klar und gut strukturiert ausdrücken und meine Ansicht ausführlich darstellen. Ich kann in Briefen, Aufsätzen oder Berichten über komplexe Sachverhalte schreiben, die für mich wesentlichen Aspekte hervorheben. Ich kann in meinen schriftlichen Texten den Stil wählen, der für die jeweiligen Leser angemessen ist.

C2 Ich kann klar, flüssig und stilistisch dem jeweiligen Zweck angemessen schreiben. Ich kann anspruchsvolle Briefe und komplexe Berichte oder Artikel verfassen, die einen Sachverhalt gut strukturiert darstellen und so dem Leser helfen, wichtige Punkte zu erkennen und sich diese zu merken. Ich kann Fachtexte und literarische Werke schriftlich zusammenfassen und besprechen.

Quelle: Conseil de l'Europe

Du hast sicherlich schnell erkannt, dass der Schwierigkeitsgrad von A1 bis zu C2 steigt. Wenn jemand sich auf der Stufe C1 befindet, beherrscht er das Schreiben in der Fremdsprache besser als jemand auf der Stufe B2. Diese Stufen bilden die Grundlage für die Beurteilung. Also, wie steht's? Auf welcher Stufe stehst du beim Schreiben?

Es gibt noch einen Vorteil der Stufen im Sprachenpass: Du kannst dir jetzt selbst klare Ziele setzen. Du kannst dir beispielsweise vornehmen, von **A1** endlich auf das Niveau **A2** zu kommen, indem du die Tätigkeiten übst, die dort beschrieben sind. Und wenn du dich jetzt um einen Ferienjob bewirbst, kannst du dein Sprachniveau mit dem Hinweis auf eine dieser Stufen angeben. In jedem Land Europas sind diese Stufen mit den entsprechenden Beschreibungen bekannt und dein möglicher Arbeitgeber weiß nun genau, über welche Voraussetzungen du in der Fremdsprache verfügst.

Lesen

A1	Ich kann einzelne vertraute Namen, Wörter und ganz einfache Sätze verstehen, z. B. auf Schildern, Plakaten oder in Katalogen.
A2	Ich kann ganz kurze, einfache Texte lesen. Ich kann in einfachen Alltagstexten (z. B. Anzeigen, Prospekten, Speisekarten oder Fahrplänen) konkrete, vorhersehbare Informationen auffinden und ich kann kurze, einfache persönliche Briefe verstehen.
B1	Ich kann Texte verstehen, in denen vor allem sehr gebräuchliche Alltags- oder Berufssprache vorkommt. Ich kann private Briefe verstehen, in denen von Ereignissen, Gefühlen und Wünschen berichtet wird.
B2	Ich kann Artikel und Berichte über Probleme der Gegenwart lesen und verstehen, in denen die Schreibenden eine bestimmte Haltung oder einen bestimmten Standpunkt vertreten. Ich kann zeitgenössische literarische Prosatexte verstehen.
C1	Ich kann lange, komplexe Sachtexte und literarische Texte verstehen und Stilunterschiede wahrnehmen. Ich kann Fachartikel und längere technische Anleitungen verstehen, auch wenn sie nicht in meinem Fachgebiet liegen.
C2	Ich kann praktisch jede Art von geschriebenen Texten mühelos lesen, auch wenn sie abstrakt oder inhaltlich und sprachlich komplex sind, z. B. Handbücher, Fachartikel und literarische Werke.

Quelle: Conseil de l'Europe

Der *subjonctif* (Le subjonctif)

Du kennst von der deutschen Sprache her zwei Formen der Aussage. Du kannst etwas im Indikativ ausdrücken (in der „normalen" Form) oder aber im Konjunktiv – z. B. in der indirekten Rede („Er sagte, er sei sehr hungrig.").
Auch die französische Sprache verfügt über zwei Aussageformen: den Indikativ (*l'indicatif*) und den *subjonctif (le subjonctif)*. Damit ist aber auch der Bezug zum Deutschen schon erledigt. **Der *subjonctif* tritt in der französischen Sprache häufig auf, wird aber in ganz anderen Bereichen verwendet als der deutsche Konjunktiv.**
Der *subjonctif* hat eigene Verbformen, die du ganz neu lernen musst.

Bildung

Die Verben auf „*-er*" bilden den *subjonctif*, indem die Endungen „*-e*", „*-es*", „*-e*", „*-ions*", „*-iez*", „*-ent*" an den Verbstamm angehängt werden.

Il faut que	je trouv	**e**	la solution.
	tu trouv	**es**	
	il trouv	**e**	
	nous trouv	**ions**	
	vous trouv	**iez**	
	ils trouv	**ent**	

Die Formen für die übrigen Verben findest du in einer Grammatik. Wichtig sind an dieser Stelle noch die Formen des *subjonctif* von *avoir* und *être*.

avoir	être
que j'**aie**	que je **sois**
que tu **aie**	que tu **sois**
qu'il **ait**	qu'elle **soit**
que nous **ayons**	que nous **soyons**
que vous **ayez**	que vous **soyez**
qu'ils **aient**	qu'elles **soient**

GRAMMATIK KOMPAKT

GRAMMATIK KOMPAKT

Anwendung

Der *subjonctif* hat keine Entsprechung im Deutschen. Oft ist es deshalb nicht einfach zu entscheiden, ob nun der *subjonctif* anzuwenden ist. Doch es gibt eine Hilfe: Erinnere dich in Zukunft an ein vierblättriges Kleeblatt! Es gibt nämlich vier Anwendungsbereiche für den *subjonctif*.

Illustration: Andi Wolff

① Verben und Ausdrücke der persönlichen Meinung
Wenn du dich selbst einschätzen willst, musst du dir eine eigene Meinung bilden. Zum Ausdruck einer persönlichen Meinung musst du im Französischen nach bestimmten Ausdrücken den *subjonctif* benutzen. Diese Ausdrücke, die den *subjonctif* auslösen, drücken **ein Urteil, einen Wunsch, einen Zweifel oder eine Unsicherheit** aus.

> désirer
> demander (in der Bedeutung „etwas verlangen")
> prier
> permettre   } + Nebensatz mit **que**
> douter
> craindre
> ne pas penser
>
> être   content
>   triste
>   étonné   } + Nebensatz mit **que**
>   ravi
>   enchanté

② Unpersönliche Ausdrücke
Der häufigste Anwendungsbereich für den *subjonctif* sind die **unpersönlichen Ausdrücke** mit **il est**, denen immer ein Nebensatz mit **que** folgt. Diese Ausdrücke solltest du erstens lernen und zweitens häufig anwenden, damit du mit den *subjonctif*-Formen vertraut wirst.

> il faut
> il est important
> il est dommage
> il est naturel
> il est normal   } + Nebensatz mit **que**
> il est nécessaire
> il est important
> il est temps
> il est utile

(3) Konjunktionen

Bestimmte Konjunktionen sind in der französischen Sprache automatisch Auslöser für den *subjonctif*. Dabei handelt es sich vor allem um Konjunktionen, die so genannte **Konzessiv-** und **Finalsätze** einleiten. Die häufigsten Konjunktionen sind:

> bien que   (obwohl)
> quoique   (obwohl)
> pour que   (damit)
> afin que   (damit)
> pourvu que   (vorausgesetzt, dass)
> avant que   (bevor)

(4) Superlative

Es mag dir vielleicht merkwürdig erscheinen, warum auch im Zusammenhang mit Superlativen der *subjonctif* steht. Aber hier wird durch die Verbform im *subjonctif* ein (einschränkender) Zweifel zum Ausdruck gebracht:

> C'est le plus beau garçon que je connaisse.

Das ist der schönste Junge. Zumindest der schönste, den ich kenne. Vielleicht gibt es außerhalb des Kreises der Personen, die ich kenne, noch einen Jungen, der besser aussieht, als der Junge, den ich meine. Das kann ich nicht wissen.

GRAMMATIKAUFGABE

▶ Hier eine Übung, in der du entscheiden musst, ob der Indikativ oder der *subjonctif* zu verwenden ist. Setze ein!

Je ne souhaite pas qu'on _____ trop tard. (arriver)

Il me semble que ces arguments _____ vraiment faibles. (être)

Pierre dit souvent que je n' _____ pas raison. (avoir)

Je ne pense pas que cela _____ une solution. (être)

Pierre est très heureux que son amie _____ bientôt. (rentrer)

Die Stufen des Hörens

▸ Lies dir einmal die Beschreibungen für die verschiedenen Stufen des Hörens durch.
▸ Ordne sie von A 1 bis C 2.
▸ Kreuze deine gegenwärtige Kompetenzstufe an.

	Nr.
A1	
A2	
B1	
B2	
C1	
C2	

1 Ich habe keinerlei Schwierigkeit, gesprochene Sprache zu verstehen, gleichgültig ob „live" oder in den Medien, und zwar auch, wenn schnell gesprochen wird. Ich brauche nur etwas Zeit, mich an einen besonderen Akzent zu gewöhnen.

2 Ich kann die Hauptpunkte verstehen, wenn klare Standardsprache verwendet wird und wenn es um vertraute Dinge aus Arbeit, Schule, Freizeit usw. geht. Ich kann vielen Radio- oder Fernsehsendungen über aktuelle Ereignisse und über Themen aus meinem Berufs- oder Interessengebiet die Hauptinformationen entnehmen, wenn relativ langsam und deutlich gesprochen wird.

3 Ich kann einzelne Sätze und die gebräuchlichsten Wörter verstehen, wenn es um für mich wichtige Dinge geht (z. B. sehr einfache Informationen zur Person und zur Familie, Einkaufen, Arbeit, nähere Umgebung). Ich verstehe das Wesentliche von kurzen, klaren und einfachen Mitteilungen und Durchsagen.

4 Ich kann längeren Redebeiträgen folgen, auch wenn diese nicht klar strukturiert sind und wenn Zusammenhänge nicht explizit ausgedrückt sind. Ich kann ohne allzu große Mühe Fernsehsendungen und Spielfilme verstehen.

5 Ich kann längere Redebeiträge und Vorträge verstehen und auch komplexer Argumentation folgen, wenn mir das Thema einigermaßen vertraut ist. Ich kann im Fernsehen die meisten Nachrichtensendungen und aktuellen Reportagen verstehen. Ich kann die meisten Spielfilme verstehen, sofern Standardsprache gesprochen wird.

6 Ich kann vertraute Wörter und ganz einfache Sätze verstehen, die sich auf mich selbst, meine Familie oder auf konkrete Dinge um mich herum beziehen, vorausgesetzt, es wird langsam und deutlich gesprochen.

Beschreibungspuzzle

Bei der folgenden Übung findest du Beschreibungen, die die unterschiedlichen Stufen in den Bereichen Hören, Sprechen, Lesen und Schreiben definieren. Die Beschreibungen stammen aus dem schweizerischen Portfolio. Bei dieser Übung gibt es für jeden Bereich nur zwei von insgesamt sechs Leistungs-/Kompetenzstufen.

- ▶ Ordne die Beschreibungen der entsprechenden Fertigkeit zu (Hören, Sprechen, Lesen oder Schreiben).
- ▶ Ordne sie innerhalb der jeweiligen Fertigkeit so an, dass du von der einfachen Stufe zur höheren Stufe gehst.
- ▶ Welche Beschreibung passt zu deiner Kompetenz? Kreuze an!

1. Je peux comprendre des indications simples: comment aller de A à B, à pied ou par les transports publics.
2. Je peux résumer et critiquer par écrit un ouvrage professionnel (Sachbuch) ou une œuvre littéraire.
3. Je peux participer sans préparation à une conversation sur des sujets familiers.
4. Je peux poser des questions simples sur des sujets familiers.
5. Je peux exprimer mes idées et opinions avec précision.
6. Je peux comprendre les émissions de télévision et les films sans trop d'effort (Anstrengung).
7. Je peux lire des textes courts très simples.
8. Je peux écrire une courte carte postale simple.

	Hören	Sprechen	Lesen	Schreiben
einfache Stufe				
höhere Stufe				

ÜBUNGEN — SICH SELBST EINSCHÄTZEN

Stufen des Sprechens

Bei der folgenden Übung sollst du einmal selbst versuchen, deine Leistung im Sprechen zu bestimmen.

▶ **Wähle die für dich zutreffenden Aussagen aus jedem Kasten aus und füge sie zu einer Beschreibung zusammen.**

Ich kann

- mit kurzen Sätzen
- mit längeren einfachen Sätzen
- mit Satzgefügen (Hauptsatz und Nebensatz)

- ohne zu stocken
- flüssig
- mit guter Betonung
- mit Verzögerungen

- einfache Sachverhalte und Ereignisse zu meiner Familie und meiner Person
- eigene Erfahrungen
- Wünsche und Hoffnungen
- meine eigene Meinung

- ganz allgemein
- mit Einzelheiten
- sehr gründlich und detailliert

- gegenüber einer einzelnen Person
- in einer Diskussionsgruppe

- in französischer Sprache
- mit häufigem Rückgriff auf das Englische oder Deutsche
- mit seltenem Rückgriff auf das Englische oder Deutsche

sprechen/ausdrücken.

Europäischer Lebenslauf

Hast du schon einmal einen Lebenslauf geschrieben? Zusammen mit dem Sprachenportfolio wurde auch ein europäischer Lebenslauf erarbeitet, den du z. B. für eine Bewerbung um einen Ferienjob in Frankreich verwenden kannst. (Unter **www.cedefop.eu.int/transparency/cv.asp** kannst du den Lebenslauf auch für andere Sprachen herunterladen.)

▶ Fülle ihn aus!

MODELE EUROPEEN DE CURRICULUM VITAE

INFORMATIONS PERSONNELLES

Nom _____
Nom, prénom(s)

Adresse _____
Numéro, rue, code postal, ville, pays

Téléphone _____

Télécopie _____

Courrier électronique _____

Nationalité _____

Date de naissance _____
Jour, mois, année

EXPERIENCE PROFESSIONNELLE

Dates (de – à) _____
Décrivez séparément chaque expérience professionnelle pertinente, en commençant par la plus récente.

Nom et adresse de l'employeur _____

Type ou secteur d'activité _____

Fonction ou poste occupé _____

Principales activités
et responsabilités _____

EDUCATION ET FORMATION

Dates (de – à) _____
Décrivez séparément chaque programme d'enseignement ou de formation achevé, en commençant par le plus récent.

Nom et type de l'établissement dispensant l'enseignement ou la formation _____

Principales matières/compétences professionnelles couvertes _____

Intitulé du certificat ou diplôme délivré _____

Niveau dans la classification nationale
(le cas échéant) _____

ÜBUNGEN

APTITUDES ET COMPETENCES PERSONNELLES

acquises au cours de votre vie et de votre carrière mais pas nécessairement validées par des certificats et diplômes officiels.

LANGUE MATERNELLE
<small>Précisez votre langue maternelle.</small>

AUTRES LANGUES
<small>Précisez la langue.</small>

Lecture
<small>Indiquez votre niveau: excellent, bon, élémentaire.</small>

Ecriture
<small>Indiquez votre niveau: excellent, bon, élémentaire.</small>

Expression orale
<small>Indiquez votre niveau: excellent, bon, élémentaire.</small>

APTITUDES ET COMPETENCES SOCIALES
<small>Décrivez ces compétences et indiquez dans quel contexte vous les avez acquises.</small>

Vivre et travailler avec d'autres personnes, dans des environnements multiculturels, à des postes où la communication est importante et dans des situations où le travail d'équipe est essentiel (activités culturelles et sportives par exemple), etc.

APTITUDES ET COMPETENCES ORGANISATIONELLES
<small>Décrivez ces compétences et indiquez dans quel contexte vous les avez acquises.</small>

Coordination et gestion de personnes, de projets, de budgets; au travail, en bénévolat (activités culturelles et sportives par exemple) et à la maison, etc.

APTITUDES ET COMPETENCES TECHNIQUES
<small>Décrivez ces compétences et indiquez dans quel contexte vous les avez acquises.</small>

Liées à l'informatique, à des types spécifiques d'équipement, de machines, etc.

APTITUDES ET COMPETENCES ARTISTIQUES
<small>Décrivez ces compétences et indiquez dans quel contexte vous les avez acquises.</small>

Musique, écriture, dessin, etc.

AUTRES APTITUDES ET COMPETENCES
<small>Décrivez ces compétences et indiquez dans quel contexte vous les avez acquises.</small>

Non mentionnées précédemment.

PERMIS DE CONDUIRE

INFORMATION COMPLEMENTAIRE
<small>Indiquez ici toute autre information utile, par exemple nom de personnes de contact, références, etc.</small>

ANNEXES
<small>Enumérez les pièces jointes au CV le cas échéant.</small>

Französischtests

Unter der Adresse **www.fplusd.de** verbirgt sich ein deutsch-französisches Sprachenportal, das mit Informationen zu deutsch-französischen Kontakten und aktuellen Informationen gespickt ist.

Unter „Französisch lernen" und dem Link *Test de connaissance du français TCF* kannst du deine Kenntnisse an einzelnen Testaufgaben (mit Lösung) überprüfen. Klickst du ganz unten auf „Ausführliche Beschreibung der Prüfungen", wirst du auf die Seite des *CIEP* geleitet. Gehe dort links auf *Tests et diplômes* und dann auf *TCF*! Unter *Exemples d'épreuves* findest du Aufgaben zu verschiedenen Fertigkeiten.

▶ Wie viele richtige Antworten schaffst du von den verpflichtenden Aufgaben (*exercices obligatoires*) des Tests TCF?

 TIPP Unter der Adresse **http://grammaire.reverso.net** findest du unter der Rubrik *Testez-vous* ganz verschiedene Grammatiktests.

Das Internet von A–Z

Auch wenn du vielleicht nicht so oft nach Frankreich kommst, wie du Lust hättest, so kannst du über das Internet jederzeit in französischsprachige Länder „reisen". Du kannst per E-Mail direkten Kontakt mit den Leuten aufnehmen oder dir über die verschiedenen Webseiten Informationen beschaffen. Wieso also nicht das Internet für dein Französisch nutzen? Geh doch einmal mit den französischen Webseiten, die dir dieses Kapitel vorschlägt, auf Entdeckungsreise und verbessere nebenbei dein Französisch!

Schau dir die Karte an. Auf dieser Karte sind alle Länder markiert, in denen Französisch gesprochen wird. Kennst du die deutschen Namen dieser Länder? Kleiner Tipp: Unter www.francophonie.org findest du eine vollständige Liste!

Wie du aus der Karte ersehen kannst, spielt die französische Sprache in der Welt eine unterschiedliche Rolle. In Frankreich, Monaco, Andorra und der kanadischen Provinz Quebec ist Französisch die Muttersprache. In sehr vielen Staaten ist Französisch die offizielle Landessprache neben einer anderen Sprache. In Marokko oder Algerien dagegen wird Französisch gesprochen, ohne dass die Sprache aber offiziell als Landessprache ausgewiesen wäre.

Zu diesen Menschen, die Französisch in ihrem Alltag sprechen, kommen noch die Schülerinnen und Schüler, die Französisch als Fremdsprache lernen, so wie du es tust. Es werden insgesamt sicher einige Million sein! Alle diese Menschen sind interessiert daran, Informationen über Frankreich, das Land, seine Sprache und seine Einwohner zu bekommen.

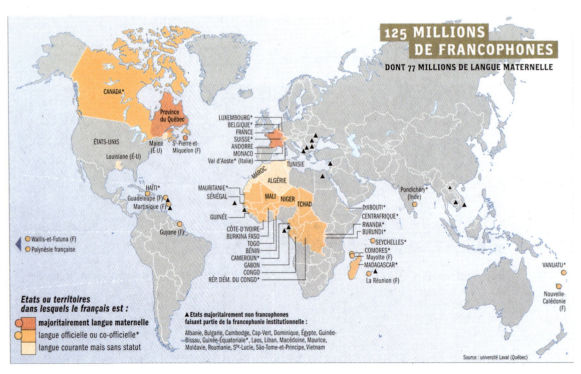

Gezielt und schnell Informationen finden

Die Schwierigkeit beim Internet besteht nicht darin, an Informationen zu kommen, sondern möglichst schnell Zugriff auf die richtigen Informationen zu haben. Eine gute Möglichkeit bieten Suchmaschinen. Bestimmt kennst du deutsche Suchmaschinen wie www.google.de, mit denen du schnell nach einem bestimmten Begriff suchen kannst. Viele der bekannten Suchmaschinen gibt es auch auf Französisch, mit der Endung „.fr": www.google.fr, www.yahoo.fr, www.lycos.fr etc. Hier musst du Suchbegriffe natürlich auch auf Französisch eingeben!

TIPP Interessant sind die französischen Suchmaschinen auch für Bilder von Frankreich. Klicke einfach vor der Eingabe des Suchbegriffs auf *Images*!

Du kannst aber auch direkt auf die Seiten gehen, die dich interessieren.

A comme Actualité

Die französische Jugendzeitung *Les Clés de l'Actualité* auf der Webseite www.lesclesjunior.com hat an sechs von sieben Tagen eine aktuelle Zeitung. Sie ist klar aufgebaut und bringt aktuelle Beiträge zu Politik, Sport, Kultur und vielen anderen Bereichen. Die Texte sind für Jugendliche geschrieben, gut verständlich und mit interessanten Illustrationen versehen.
Übrigens: Auf der linken Seite kannst du Icons anklicken, die Informationen über Projekte einzelner französischer Schulen enthalten.

B comme Boules

Beim Lesen der Überschrift *boules* wirst du vielleicht an das gleichnamige französische Spiel denken, das man am Strand, auf dem Rasen oder eben auf einem Boule-Platz spielen kann. Aber *Les Boules* ist auch ein kleiner Ort einer Gegend in Quebec, also in der französischsprachigen Provinz in Kanada. Fotos von Les Boules findest du auf der Webseite www.info-gaspesie.com, wenn du den Link auf *Villes et villages* anklickst. Es öffnet sich eine kleine Karte, von der aus du zu dem Ort gelangst. Diese Adresse bietet dir die Möglichkeit, eine Gegend im Nordwesten des Kontinents Amerika kennen zu lernen, wo Französisch gesprochen wird.

C comme Citroën

La 2 CV (sprich: la döchevo) oder *la dedeuche*: Die Rede ist von einem Auto der Marke Citroën, der „Ente", das auch in Deutschland berühmt geworden ist. Während die Homepage der Firma Citroën wenig von diesem Modell spricht, findest du unter der Adresse www.accueil.org/deuche/index.html viele Informationen, Bilder und Spiele. Probier doch auch einmal das Puzzle sowie das Solitär-Spiel aus!

D comme Dictionnaire

Vielleicht hast du nur ein kleines Wörterbuch oder du sitzt oft am Computer. Im Internet gibt es das Dictionnaire universel francophone Hachette unter der Adresse **www.francophonie.hachette-livre.fr**. Auf der Eröffnungsseite musst du links den Button *Dictionnaire* anklicken. Du kommst auf die Vorstellungsseite des Wörterbuchs. Auf der linken Seite ist ein Fenster, in das du das Wort tippst, das du suchst. Wenn du z. B. *élève* eingibst, erhältst du die folgenden Definitionen:

> **1.** Personne qui reçoit les leçons d'un maître, qui fréquente un établissement scolaire. *Les élèves du lycée*. || MILIT Élève officier: militaire qui suit des cours pour devenir officier. **2.** Personne qui, instruite dans un art ou dans une science par un maître, s'inspire de ses travaux. *Raphaël fut l'élève du Pérugin*. **3.** (Djibouti) Fam., arg. (des écoles) Élève carton: élève admis dans la classe supérieure sur recommandation de personnes haut placées.

vgl. Kapitel **Hilfe aus dem Wörterbuch** S. 54

E comme Echange

Im Jahr 1963 wurde in dem deutsch-französischen Freundschaftsvertrag auch bestimmt, dass ein Deutsch-Französisches Jugendwerk gegründet wird. Diese Institution hat sich sehr verdient gemacht, indem sie Austauschbegegnungen finanziell unterstützt. Auch der Frankreich-Austausch deiner Schule ist sicherlich vom DFJW gefördert worden. Du solltest einmal einen Blick auf die Homepage werfen, indem du **www.ofaj.org** anklickst. Hier kannst du z. B. chatten oder im *Esapce Juniors* (11–17 Jahre) herumstöbern.

F comme Frites

Erinnerst du dich noch, wie du *pommes frites* ausgesprochen hast, bevor du mit Französisch angefangen hast? Die Verkäuferin oder der Verkäufer an der Pommesbude hat dich ja verstanden, und das war für dich die Hauptsache. Doch heute weißt du, dass *pommes frites* frittierte Kartoffeln bezeichnet und wie man das Wort richtig ausspricht. Die *frites* sind in Belgien ein Nationalgericht – und in Teilen Belgiens spricht man auch Französisch. Hast du Interesse an der Zubereitung der Fritten, nein, der *frites* und den typischen Saucen? Dann klicke **www.friterie.be** an.
Vergiss nicht, einen Blick in das (sehr lustige) Gästebuch (*livre d'or*) zu werfen.

Illustration: Andi Wolff

G comme Gouvernement

Die französische Regierung (*le gouvernement*) wird von dem *Premier ministre* geleitet. Die Regierung hat eine eigene Homepage, zu der du unter der folgenden Adresse gelangst: **www.premier-ministre.gouv.fr**. Falls du also irgendwelche Informationen benötigst, die die Regierung betreffen, bist du hier richtig.

Vielleicht hast du ja auch Lust, die Gebäude der Regierung, also z. B. die Nationalversammlung (*l'Assemblée nationale*) zu besuchen, die unserem Bundestag entspricht. Klicke auf *visites virtuelles* und wähle ein Gebäude aus.

H comme Hébergement

Wenn man nach Frankreich fährt stellt sich die Frage der Unterkunft (*l'hébergement*, m.). Am ehesten findest du Kontakt zu anderen Jugendlichen, wenn du in eine der vielen Jugendherbergen gehst. Alle Einzelheiten zu den Standorten, den Kosten, usw. vermittelt die Homepage **www.fuaj.org/fra**.

J comme Jeux

Mit Spielen kann man neue Kraft und Motivation für das Französischlernen gewinnen. Eine gute Adresse für Spiele ist **www.jeux.fr.** Es werden unzählige Spiele angeboten. Das einzige Problem: Man kann gar nicht mehr aufhören zu spielen. Also: *Attention!*

Und wenn dir diese Spielangebote nicht ausreichen, gib doch einmal in einer Suchmaschine *Qui veut gagner des millions?* ein und du gelangst zu dem französischen Gegenstück von „Wer wird Millionär?", wo du online mitmachen kannst.

K comme Kourou

Kourou ist eine Stadt in einem der *Départements d'Outre Mer* (DOM), den zu Frankreich gehörenden Regionen in Übersee, in Guyana. Der Name taucht ab und zu in deutschen Zeitungen auf, weil es der Ort ist, in dem sich das französische Raumfahrtzentrum befindet. Von hier aus werden Satelliten in das Weltall transportiert. Wenn du Lust hast, dir einen Eindruck von diesem weit entfernten Flecken der Erde zu verschaffen, in dem Französisch die Nationalsprache ist, dann klicke doch *Le Petit Journal de Kourou* unter **www.blada.com** an. Unter der Rubrik *Les expos de Blada* findest du Vorschläge für virtuelle Exkursionen. Die Fotos, die der *Avenue du Général de Gaulle* gewidmet sind, zeigen eindrucksvolle Bilder aus Kourou.

L comme Lacoste

Die französische Marke, mit dem Krokodil? Klar, Lacoste. Die Firma hat eine eigene Internetseite: **www.lacoste.com**. Hier findest du alle Informationen von der Gründung der Firma bis zu aktuellen Ereignissen.

M comme Métro

Vielleicht warst du schon einmal in Paris, hast einen Métro-Plan gesehen und bist auch schon mit der Métro gefahren. Wenn du Lust hast, deine Erfahrung zu vertiefen, dann gehe zu der Seite www.ratp.fr. Hier findest du viele Informationen zur Métro, und es werden unter der Rubrik *Vivre en ville* sogar Vorschläge für Fahrradausflüge in Paris gemacht.

N comme Nouméa

Nouméa ist die Hauptstadt von La Nouvelle Calédonie, einem französischen *Territoire d'Outre Mer* (TOM). Um eine Idee von der geografischen Lage dieses Landes zu bekommen, klicke einmal www.noumea-diving.nc an. Der Globus auf der Startseite vermittelt dir einen guten Eindruck.
Wenn du Interesse am Tauchen hast, kannst du auf der Seite weitere Entdeckungen machen. Falls dich aber Nouméa selbst interessierst, gehe auf die Seite der Stadt www.ville-noumea.nc.

O comme Orléans

Von der Stadt Orléans in Frankreich hast du bestimmt schon gehört. Aber es gibt auch *La Nouvelle Orléans* in einem Teil Amerikas, nämlich in Lousiana. Informationen zur Stadt findest du unter www.consulfrance-nouvelleorleans.org und auf der Seite des französischen Generalkonsulats unter www.consulfrance-nouvelleorleans.org. Wenn du dich für die Geschichte und insbesondere dafür interessiert, warum es in diesem Teil Amerikas französische Wurzeln gibt, klicke *Bicentenaire* auf der Webseite www.louisiane.culture.fr.

P comme Poésie

Arbre à poèmes
Pour les enfants et pour les raffinés
Hast du Lust, einige Gedichte in französischer Sprache zu lesen? Eine erste Auswahl an Gedichten von Jugendlichen findest du unter der Adresse **www.poesie.net**. Du kannst die Gedichte auch hören, wenn du magst. Auf der Webseite gibt es sogar einige computeranimierte Gedichte!

Q comme Quotidien

Eine Zeitung, die in Frankreich täglich erscheint, bezeichnet man als *un quotidien*. Ein nur wöchentlich erscheinendes Printprodukt ist *un hebdomadaire*. Eine nur monatlich auf den Markt kommende Zeitschrift oder Zeitung heißt *un mensuel*.
Du hast sicherlich von den großen französischen Tageszeitungen wie *Le Monde*, *Le Figaro* oder *Libération* gehört. Neben den gedruckten Ausgaben gibt es diese Zeitungen auch im Internet. Hier sind die Adressen, die dir täglich den Blick in die aktuelle Realität Frankreichs und der Welt aus französischer Perspektive ermöglichen: **www.lemonde.fr**, **www.lefigaro.fr** und **www.liberation.com**.

R comme Radio

France Inter, Le Mouv', France Bleu, France Info, FIP, France Culture, Hector, France Musiques, La CityRadio ... Du kannst dir im Internet nicht nur einen Überblick über die verschiedenen Radiosender und ihre täglichen Sendungen verschaffen, sondern du kannst live, *en temps réel*, in eine laufende Sendung hineinhören. So kannst du üben, dich an verschiedene Sprecher zu gewöhnen und dein Hörverstehen trainieren.
Unter **www.rfo.fr** findest du einen Button *notre radio*. Wenn du hier klickst, öffnet sich ein Fenster mit den verschiedenen Radiostationen der Überseedepartments Frankreichs, und du kannst jeweils die aktuelle Sendung mithören.

S comme Sport

Es gibt eine französische Tageszeitung, in der es ausschließlich um Sport geht und die täglich erscheint. Es ist *L'équipe*. Unter der Adresse **www.lequipe.fr** hast du die Möglichkeit, die neuesten Sportmeldungen und Hintergrundberichte über das Internet abzurufen. Die Titelleiste ermöglicht dir, Informationen zu einer bestimmten Sportart aufzurufen.
Für eingefleischte Sportfans: Gib einfach bei einer Suchmaschine die betreffende Sportart ein und suche dann in den angezeigten Adressen weiter!

T comme Télévision

Natürlich bieten die französischen Fernsehstationen, wie *Tf1*, *Antenne 2* oder *canal+* ihre eigenen, sehr umfangreichen Webseiten an. Unter **www.tf1.fr**, **www.france2.fr** und **www.canalplus.fr** kannst du dir auch Videosequenzen ansehen.

Ein sehr informatives Programm gerade für Jugendliche bietet **www.france5.fr**. Du solltest hier auf jeden Fall einmal hineinschauen.

Wenn du auf der Seite **www.rfo.fr** auf den Button *Le journal TV* gehst, kannst du Videoclips mit Informationen aus den verschiedenen Regionen Frankreichs, von *Mayotte* bis *Guadeloupe*, anschauen.

U comme UNESCO

Vielleicht hast du schon einmal von der UNESCO gehört, die eine Unterorganisation der UNO (französisch: **O**rganisation des **N**ations **U**nies, also ONU) ist. Erziehung, Wissenschaft und Kultur zählen zu ihren Aufgabenbereichen. Die UNESCO will damit einen Beitrag leisten, um den Frieden in der Welt zu sichern.

Dir wird vielleicht auf der Startseite **www.unesco.org** links ein Button auffallen, der den Titel *Ambassadeurs de bonne volonté* trägt. Wenn du ihn anklickst und dann auf die rechte Seite wechselst zu *Champions*, dann triffst du einen bekannten autofahrenden Landsmann wieder.

V comme Vacances

Wahrscheinlich hast du schon in den Reisebüros Plakate oder Kataloge vom *Club Méditerranée* gesehen, dem großen französischen Reiseveranstalter. Der bietet natürlich nicht nur Fahrten ans Mittelmeer (*la Méditerranée*) an, sondern auch Reisen in alle Welt. Wenn du virtuell dem (Schul-)Alltag entfliehen willst, gehe auf die Seite **www.clubmed.fr** und träume von der großen Welt!

W comme Week-end

Das Wort *week-end* gehörte ursprünglich nicht zur französischen Sprache. Es stammt aus dem Englischen. Solche aus der englischen Sprache kommenden Wörter bezeichnet man als „Anglizismen". Die Franzosen versuchen, Anglizismen zu vermeiden. Es gibt im Internet verschiedene Wortlisten, die Vorschläge für treffende französische Bezeichnungen machen, mit denen die Anglizismen ersetzt werden sollen. Für das Vokabular um Computer und Internet findest du Übersetzungsvorschläge unter **www.clubautomation.org/html/glossaire3** Und wenn du dich selbst mit solchen „Übersetzungen" versuchen willst, findest du unter **www.cstrois-lacs.qc.ca/eslg/ ehdaa/hot-po/jmatch/08_jm/8_jm.htm** die Möglichkeit.

X comme Xénophobie oder Xénophilie

Zwei weibliche Fremdwörter, die ähnlich klingen, aber das Gegenteil ausdrücken: *La xénophobie* meint Fremdenhass, während *la xénophilie* die Sympathie für Fremde bezeichnet. Eine gute Darstellung findest du dazu auf der Seite einer Schule unter **http://pedagogie.ac-aix-marseille.fr/etablis/ecoles/nevache/Alphabet/X.htm**. Wenn du einen der beiden Begriffe bei einer Suchmaschine eingibst, erhältst du weitere Informationen.

Y comme Yacht

Die Franzosen sind eine Seefahrernation und noch heute gibt es zahlreiche Segelwettbewerbe, die in dieser Tradition stehen. Die Personen, die allein die Welt umsegelt oder große Regatten gewonnen haben, genießen hohes Ansehen. Willst du dir einmal ein wenig Wind um die Nase wehen lassen? Dann klicke **www.yccarnac.com** an.

Z comme Zidane

Er ist ein wirkliches Idol in Frankreich: Zinédine Zidane, der bekannteste Fußballspieler der französischen Nationalmannschaft mit dem Spitznamen Zizou. Er hat eine informative Homepage, zu der du unter der Adresse **www.zidane.fr** gelangst. Vielleicht interessiert es dich ja, welchen Sport er nach seiner Karriere als Fußballspieler ausüben möchte?

Foto: Cinetext/Allstar

Internetadressen: geprüft im Oktober 2004

Seite

6 Französisch lernen macht Spaß

7

	Französisch lernen	Tennisspielen lernen	Mathematik lernen
Als Hilfsmittel braucht man …	Wörterbuch, Grammatik	einen Tennisschläger und Tennisbälle.	einen Taschenrechner.
Besonders üben muss man …	die Aussprache, Vokabeln und die Grammatik.	bestimmte Bewegungsabläufe.	logisches Denken und die Anwendung von Formeln.
Gut zu sein hängt ab von …	der Intensität des Übens, der Kenntnis der Regeln und von der Sicherheit in der Sprachanwendung.	der Sicherheit der Schläge.	logischem Verständnis und der richtigen Beherrschung von Rechenoperationen.
Fehler können entstehen, weil …	man nicht richtig spricht oder schreibt., man zu wenig Vokabeln kennt.	man bestimmte Grundschläge noch nicht gut macht, man taktisch nicht gut spielt.	man unkonzentriert ist, man einen falschen Lösungsansatz wählt.
Ob man gut gelernt hat, merkt man daran, dass …	man ein gutes Gefühl beim Sprechen und Schreiben hat, man einen Text oder einen Gesprächspartner gut versteht.	man beim Spiel Punkte gewinnt.	man sicher in der Lösung von Aufgaben ist.

11 **GRAMMATIKAUFGABE**
  PIERRE: Où sont les DVD?
  MARCEL: Ils sont encore dans la valise.
  PIERRE: Et où est-ce qu'elle est?
  MARCEL: Elle est derrière toi.
  PIERRE: Est-ce qu'on va voir «L'auberge espagnole»?
  MARCEL: Moi, je suis trop fatigué. Et toi, Francis?
  FRANCIS: (Tout) seul, je n'ai pas envie. Mais avec toi, Pierre, je suis d'accord.

14 **ÜBUNG 1** Mein Französisch-Alphabet
Dies ist nur eine mögliche Lösung!

apprendre	**n**uméro
blanc	**o**ffrir
café	**p**artir
dormir	**q**uel
élève	**r**ire
fauteuil	**s**ans
gare	**t**out
hall	**u**n
imiter	**v**erre
jouer	**w**agon
kilo	**x**ylophone
lavabo	**y**eux
mieux	**z**éro

14 **ÜBUNG 2** Versteckte Wörter

a, prendre, rendre, rend, prend, en, de, ne

172

Seite

15 **ÜBUNG 3 Flexibel oder unflexibel?**

Nombre de ●: ____

Nombre de ◆: ____

Tu as beaucoup de ●
Pour toi, rien ne te dérange (stören), surtout pas les petits changements dans la vie. Tu trouves toujours une solution et tu as toujours des idées pour sauver la situation.
Tu es optimiste et tu ne te laisses pas décevoir (enttäuschen) par des petites choses. Bravo!

Tu as beaucoup de ◆
Tu n'aimes pas changer tes habitudes. Pour toi, il est important que tout se passe comme toujours. Tu ne veux pas changer et essayer autre chose. Tu veux toujours être rassuré(e) (sicher sein). C'est un comportement sérieux. Mais parfois, tu peux essayer d'être un peu plus souple (flexibel).

15 **ÜBUNG 4** (INTERNET) **Lernen und Gedächtnis**

Das Kurzzeitgedächtnis (*la mémoire courte*) kann bis zu **sieben** Informationen speichern.

16 # Frankreich – das etwas andere Land

19 **GRAMMATIKAUFGABE**
   a. Demain, il fera beau à Marseille.
   b. En France, est-ce que les élèves travaillent l'après-midi?
   c. Je te salue cordialement de la part de Ghislaine.
   d. Je te remercie beaucoup de ces belles fleurs.
   e. Tu penses à réparer ma bicyclette aujourd'hui?
   f. Est-ce que vous avez entendu les nouvelles?

23 **ÜBUNG 2 La France de A à Z**

vrai	faux		
○	X	a.	Nice est la deuxième grande ville de la France.
○	X	b.	Le Rhône (die Rhone) traverse la ville d'Orléans.
X	○	c.	En France, il n'y a pas de cours de religion à l'école.
○	X	d.	*T'es chiant(e)* bedeutet *Tu es intelligent(e)*.
○	X	e.	Dans un bistrot, on ne peut rien manger.
○	X	f.	Au verso (Rückseite) de la pièce française de 1 Euro, on voit Napoléon.
○	X	g.	Céline Dion est une chanteuse française.
○	X	h.	Le Sacré Cœur est une pièce de théâtre.
X	○	i.	La Martinique est un département français.
○	X	j.	Envoyer une lettre de la France en Allemagne, cela coûte 0,46 Euro.
X	○	k.	Le 8 mai, on commémore (erinnert an) la fin de la 2e guerre mondiale.
X	○	l.	La mimique et la gestuelle (Gesichtsausdrücke und Körpersprache) sont important en France.
X	○	m.	Peugeot fabrique des voitures et des bicyclettes.
○	X	n.	On ne fait pas de bises aux adultes.
○	X	o.	Colmar est une ville en Bourgogne.
X	○	p.	Très souvent, les magasins ouvrent plus tard lundi matin.
○	X	q.	Les couleurs du drapeau français sont bleu, blanc et vert.
X	○	r.	Un menu dans un restaurant se compose d'un hors-d'œuvre, d'un plat principal et d'un dessert.
X	○	s.	Quand on veut payer, on dit: «L'addition, s'il vous plaît.»
X	○	t.	Quand on mange en famille en France, il y a toujours quelque chose à boire.
X	○	u.	En France, on mange très souvent un croissant au petit déjeuner.
X	○	v.	Le soir, on mange plus tard en France qu'en Allemagne.
○	X	w.	Aldi et Lidl n'existent pas en France.
X	○	x.	On sert le café au lait dans une grande tasse.
X	○	y.	*La vache qui rit* est un fromage.
X	○	z.	Arte est une chaîne de télévision franco-allemande.

Seite

24   ÜBUNG 3   Auf der Suche nach einem Feiertag

1. Maiglöckchen
2. Am 1. Mai schenken alle Männer ihren Frauen einen kleinen Strauß Maiglöckchen, der Glück bringen soll.
3. Nein

24   ÜBUNG 5 (INTERNET)   Le cinéma

Im Jahr 2004 war es der Film "Fahrenheit 9/11".

25   ÜBUNG 4   Vachement

Dies ist nur eine mögliche Lösung!

1. Je lis une BD. Elle est vraiment drôle.
2. Gisèle a une mauvaise note. Elle est profondément triste.
3. J'ai rencontré un copain. Il est super sympa.
4. Marc a triché (geschummelt). C'est un peu vache.
5. Pascal est extrêmement timide.
6. Ma mère est complètement zen.
7. La réaction de Jules est très bizarre.
8. Mon père est assez balèze (kräftig).
9. Ma sœur n'est pas cool du tout.

26   Ich parle several lingue

26   Dokument 1   Grußkarte

Englisch – Schwedisch
Spanisch – Deutsch
Italienisch – Portugiesisch
Niederländisch – Japanisch
Französisch – Griechisch

27

Französisch	Englisch	Deutsch
modeste	**modest**	bescheiden
une déclaration	a declaration	**eine Erklärung**
l'enveloppe	an envelope	ein Briefumschlag
le thé	the tea	der Tee
la saison	the season	**die Saison**
le produit	**the product**	das Produkt
signer	to sign	signieren, unterzeichnen
permettre	to permit	erlauben
un consommateur	a consumer	**der Konsument**

28   **GRAMMATIKAUFGABE**

1. Ecrire en français est plus difficile que parler. /
   To write French is more difficult than to speak French.
2. Je trouve plus facile de lire une BD qu'un roman. /
   I think (that) it is easier to read a comic than to read a novel.
3. Lire un texte est moins intéressant qu'écrire une histoire. /
   To read a text is less interesting than to write a text.
4. Le plus ennuyant est de copier un texte. /
   The most boring task is to copy a text.

Seite

29 **ÜBUNG 1** Sprachenwirrwarr

Französisch	Spanisch	Deutsch	Englisch
Salut.	Hola.	Hallo.	Hello.
Glou glou!	¡Gluglú!	Gluck gluck!	Glug glug!
Bonjour.	Buenos días.	Guten Morgen.	Good morning.
Chut!	¡Pss!	Pst!	Ssh!
Merci.	Gracias.	Danke.	Thanks.
Ça va?	¿Qué tal? ¿Cómo estás?	Wie geht's dir?	How are you?
Ça va, merci.	Bien, gracias.	Danke, gut.	Fine, thanks.
Merde!	¡Mierda!	Scheiße!	Shit!
Bonsoir.	Buenas tardes.	Guten Abend.	Good evening.
Au revoir. Salut.	Hasta luego. Chau.	Auf Wiedersehen. Tschüss.	Goodbye. Bye.

30 **ÜBUNG 2** Achtung Autofahrer

Französisch	Englisch	Deutsch
même en circulant	even when driving	auch nicht während der Fahrt
en ville	in town	in der Stadt
pas de sac	any bag	keine Tasche
le flux de circulation	a traffic jam	der stockende Verkehr
direction bloquée	The steering-wheel is blocked.	Das Lenkradschloss ist eingerastet.

31 **ÜBUNG 3** Essen an der Raststätte

1. par
2. consommateurs
3. qualité/prix
4. proposés
5. tous
6. permettent
7. pause

32 **ÜBUNG 4** Verlorenes Gepäck

Sprachen: Deutsch, Englisch, Französisch, Spanisch

Cher passager,
Nous regrettons sincèrement les désagréments que vous avez subis. Nous tenons à vous assurer que l'impossible sera fait pour retrouver vos bagages personnels et vous les faire parvenir le plus rapidement possible. Dans l'immédiat, nous vous offrons cette trousse de toilette en espérant qu'elle vous sera utile.
Merci de votre comprehension.

33 **ÜBUNG 5** (INTERNET) L'eau minérale

Der Mensch kann nicht länger als zwei bis fünf Tage ohne Wasser leben.

34 ## Texte hören und verstehen

35 **Höraufgabe** (CD: 2) „G"-Laute hören und sortieren

Übersetzung
Die Schülergruppe von Géraldine, die einen Gratisbesuch im Genfer Zoo gewonnen hat, hat freche Handzeichen zu den Giraffen gemacht, die sich hinter den großen grauen Gittern befinden.

[g]	[ʒ]	[ɲ]
groupe, gagné, gratuite, grossiers, grandes, grilles, grises	Géraldine, Genève, gestes, girafes	gagné

Seite

38 **GRAMMATIKAUFGABE**

1. Non, je n'ai jamais été en Belgique.
2. Non, je n'ai vu personne.
3. Non, je n'ai que cinq DVD.
4. Non, je n'ai pas bien préparé l'exercice.
5. Non, je n'ai plus faim.

41 **ÜBUNG 1** Sich die Gesprächssituation vorstellen (CD: 4)

Antworten auf die Checkliste „Hören ohne Blickkontakt":
– Es sprechen 2 Personen: 1 Frau und 1 Mann.
– Es handelt sich um erwachsene Personen.
– Das Gespräch findet in der Kantine (le self-service) statt.
– Die Stimmung ist freundlich entspannt.

JONATHAN: Bonjour Pauline,
PAULINE: Ah, salut Jonathan, comment ça va?
JONATHAN: Ça va. Et toi ?
PAULINE: Très bien, très bien.
JONATHAN: Ça fait longtemps, qu'on ne s'est pas vu.
PAULINE: Oui. Tu as le temps de boire quelque chose?
JONATHAN: Bien sûr.
PAULINE: Tu prends quoi ?
JONATHAN: Ah moi, je prendrai un café.
PAULINE: Un café …
JONATHAN: Et toi?
PAULINE: Moi, je prends un jus d'orange.
PAULINE: Alors, qu'est- ce que tu as fait pendant tes vacances?
JONATHAN: Ah, pendant ces vacances, j'étais en Savoie. J'ai fait de la randonnée. Et toi…
PAULINE: Chez tes parents?
JONATHAN: Non, non, en vacances, en vacances.
PAULINE: Ah d'accord. Moi, j'étais chez mon grand-père en Bretagne. Tu sais, en Côte d'Armor dans le Nord de la Bretagne.
JONATHAN: Ah, dans le Nord. Ah oui, c'est très beau, non?
PAULINE: Oui oui, c'est très beau, très très beau.

41 **ÜBUNG 2** Gewinnquoten notieren (CD: 5)

Les courses à Auteuil
la 6ᵉ course
10   7,40 et 2,60
7   2,20
8   2,80

la 7ᵉ course
2   2,40 et 1,30
3   2,10
4   1,90

le quinté plus
l'as: 6 4 2 8
dans l'ordre: 8335 Euros
dans le désordre: 134 Euros
le bonus 4: 13,20 Euros
le bonus 3: 4,40 Euros

On termine avec le résultat des courses à Auteuil. Voici l'arrivée de la 6ᵉ. Il fallait parier sur le 10: 7,40 et 2,60, le 7: 2,20 et le 8: 2,80. Dans la 7ᵉᵐᵉ, c'est le 2 qui s'impose 2,40 et 1,30. Le 3 est 2ᵉᵐᵉ: 2,10 et le 4: 1,90 est 3ᵉᵐᵉ. Enfin voici l'arrivée du quinté plus, il fallait parier sur l'as, le 6, le 4, le 2 et le 8. Dans l'ordre, il rapporte 8335 euros, 134 euros dans le désordre, le bonus 4 rapporte 13 euros 20 et le bonus 3, 4 euros 40.

42 **ÜBUNG 3** Einen Wetterbericht verstehen (CD: 6)

14 Lille/Cherbourg
18 Paris
23 Lyon/Bordeaux
25 Toulouse/Nîmes/Montélimar

Seite

Wenn du nicht alles verstanden hast, kannst du dir hier den Wetterbericht noch einmal durchlesen:

Des orages en Poitou-Charentes, Bourgogne, Alsace. Tendance à l'accalmie au cours des prochaines heures. Dès la mi-journée cependant les orages rependront en montagne, sur les Pyrénées, le Massif Central, les Alpes, puis également en plaine, principalement du Sud-Ouest, à l'arrière pays méditerranéen, les vallées du Rhône et de la Saône jusqu'à l'Alsace.
Le soleil dominera autour du Golfe du Lion, en Corse, sur la Bretagne. Ciel plus variable qu'hier de la côte normande et la frontière belge au bassin parisien. Pas d'orage mais quelques ondées éparses.
Les températures de l'après-midi seront en baisse sur la plupart des régions. Il ne fera plus que **14** degrés à Lille et Cherbourg, **18** à Paris, **23** à Lyon et Bordeaux où la baisse se poursuivra demain. Jusqu'à **25** degrés tout de même à Toulouse et Nîmes et Montélimar.
Demain retour à un temps calme et ensoleillé à partir du Nord jusqu'à la Gironde et l'Auvergne. Encore quelques orages dans le Sud, principalement sur les Pyrénées, les Alpes du Sud et la Corse.
Dimanche soleil en général et quelques orages, les derniers de la série sur les Alpes Maritimes et la Corse.

42 ÜBUNG 4 Verkehrsnachrichten verstehen (CD: 7)

A **16.15**, je vous rappelle la situation du trafic routier. Attention sur **toutes** les routes! En effet, ce **vendredi** 1er mai a été classé «orange» dans le sens des **départs** de **Paris** en particulier.
Au moment où je vous parle, il y a 110 kilomètres de bouchon autour de la **capitale** et plus de 200 en **province**.
On n'avait pas prévu un trafic aussi intense pour **l'après-midi**. Il devrait rester **difficile** jusqu'à 22 heures ce soir.
Il est vivement conseillé de partir **demain** matin.

43 ÜBUNG 5: Der neue Renault Modus (CD: 8)

vrai	faux	
○	X	Le *Modus* est une grande voiture.
○	X	Renault le montre pour la première fois à Barcelone.
○	X	La Renault *Clio* est plus grande que le *Modus*.
X	○	Le Modus a cinq places.
○	X	Opel va sortir la *Meriva* et Fiat son modèle *Idea*.
X	○	Le *Modus* coûtera plus cher que la Clio.
X	○	Renault veut vendre 300 000 voitures par an.
○	X	On pourra l'acheter à partir de décembre.

Du hast nicht jeden Satz genau verstanden? Hier siehst du den gesprochenen Text:

Cette petite voiture a été présentée pour la première fois au salon de l'automobile à Madrid, en Espagne. Le Modus est un monospace élégant à cinq places qui a les mêmes dimensions que la Clio: 3,80 mètres.
Aujourd'hui, c'est la grande mode des monospaces, un marché déjà occupé par l'Opel Meriva, la Fiat Idea et d'autres modèles encore. Mais ce qui intéresse le consommateur, c'est surtout le prix. Voilà la bonne surprise: Le Modus coûtera seulement un peu plus cher que la Clio. Son prix est donc compétitif par rapport à ses concurrents, ce qui permettra, d'après la direction de Renault, de vendre 300.000 véhicules par an dans le monde.
Le Modus sera sur le marché à partir de novembre.

43 ÜBUNG 6 Voitures (INTERNET)

Die Petite Rosalie ist ein Auto von Citroën, das 1932/1933 gebaut wurde.

Seite	
44	**Ich verstehe Texte – besser als ich denke**

49 INFO KOMPAKT

Übersetzung des Textes

Supermarkt überfallen
Fünf bewaffnete Ganoven sind gestern Morgen in das Lebensmittelgeschäft ATAC in Jouy-en-Josas (Yvelines) eingebrochen, bevor sie mit 4000 Euro (Beute) den Tatort verlassen haben. Sie trugen alle Handschuhe und haben sich gegen 7.00 Uhr den Inhalt der Kassenschubladen aushändigen lassen, bevor sie (dann) die Flucht antraten. Die Kriminalpolizei von Versailles hat die Ermittlung aufgenommen.

50 ÜBUNG 1 Vorläufige Festnahme

1. Er stammt aus einer Zeitung.

3. soleil, vieux, rivière, bleu, poubelle, nuit, crayon, livre, <u>délit (Delikt, Vergehen)</u>, écrire, <u>arrêter</u>, incendie (Brand, Brandstiftung), <u>jeune</u>, manteau, feu, <u>mineur (minderjährig)</u>, <u>majeur (volljährig)</u>

6. vrai/faux

vrai	faux	
○	X	Les jeunes ont été interpellés vendredi matin.
○	X	Ils ont incendié trois voitures et une poubelle.
X	○	Les jeunes avaient préparé des objets incendiaires.
○	X	L'interpellation des jeunes est un cas unique.
X	○	Les six jeunes arrêtés sont majeurs.

51 7. *Übersetzung des Textes*

Sechs Festnahmen in Vitry
Sechs Jugendliche sind in Vitry-sur-Seine (Val-de-Marne) in der Nacht von Freitag auf Sonnabend festgenommen worden, nachdem sie drei Autos und mehrere Mülleimer angezündet hatten. Sie wurden auf frischer Tat bei der Vorbereitung der Brandsätze ertappt. Am Vorabend waren bereits sieben Autos in Brand gesetzt und sechs volljährige Jugendliche festgenommen worden.

51 ÜBUNG 2 Lucky Luke

Übersetzung des Textes

Lucky Luke: Die Daltons auf der Flucht
16.50 France 3
Morris, Bill Hanna und Joe Barbera
(Fr.-EU, 1983, 82 Min.)
Zeichentrickfilm mit den Stimmen von Jacques Balutin, Richard Darbois, Marion Game.

Der berühmte Cowboy macht sich auf die Suche nach den berühmten Sträflingen, die sich auf der Flucht befinden. Die amerikanischen Filmstudios haben sich der Person angenommen und zeigen sie in vereinfachter Form.

52 ÜBUNG 3 L'avion

Übersetzung des Textes

Das Besteigen des Flugzeugs
Die Passagiere betraten den Airbus der portugiesischen Lufttransportgesellschaft über einen röhrenartigen Zugang, mit der Folge, dass sie gar nicht das Gefühl hatten, ein Flugzeug zu betreten, sondern eher, sich sicher von einem geschlossenen Raum in einen anderen zu bewegen. Edmonds Platz befand sich im hinteren Teil der Maschine und nicht oberhalb der Tragfläche, wie er es wegen des Ausblicks befürchtet hatte. Nach und nach füllte sich das Flugzeug, und Eddie schloss in Gedanken Wetten ab, wer seine Nachbarn sein würden.
Von seinem Platz aus sah er von weitem die eintretenden Passagiere kommen, und lange Zeit war es spannend. Schließlich dachte er, er sei alleine auf der dreisitzigen Bank im Raucherbereich, als ihn plötzlich eine zarte Stimme auf Französisch fragte: Entschuldigen Sie, aber ich habe den Platz neben dem Fenster. Es sei denn, Sie würden ihn wegen des Ausblicks bevorzugen...
Edmond sah hoch und ein Aufwärtshaken traf ihn im Bauch.

Seite

52 ÜBUNG 4 (INTERNET) **Partnerstädte**

Vitry-sur-Seine hat Partnerschaften mit
- Burnley (Großbritannien),
- Kladno (Tschechische Republik),
- Meissen (Deutschland),
- Tombola (Mali).

53 GRAMMATIKAUFGABE

1. Die Formen des *passé simple*:
L'embarquement d'un avion
Les passagers entrèrent dans l'Airbus des Transports Aériens Portugais par un corridor-tubulure, ce qui faisait qu'ils n'avaient pas du tout la sensation de monter dans un avion, mais simplement de se déplacer d'un lieu clos à un autre. La place d'Edmond se trouvait à l'arrière de l'engin, et non pas sur l'aile comme il l'avait craint pour la vue. Petit à petit le zinc se remplissait et Eddie passait des paris mentaux pour savoir quels seraient les voisins …
De sa place, il voyait venir de loin les entrants et, longtemps, ce fut le suspense. Vers la fin, il pensait qu'il serait seul de sa traversée de trois sièges fumeurs, quand une douce voix lui demanda en français :
- Excusez-moi, mais j'ai la place près du hublot. A moins que vous ne préfériez pour la vue …
Edmond leva les yeux et un uppercut lui bousilla le ventre.

2. Die Formen des *passé composé*:
L'embarquement d'un avion
Les passagers sont entrés dans l'Airbus des Transports Aériens Portugais par un corridor-tubulure, ce qui faisait qu'ils n'avaient pas du tout la sensation de monter dans un avion, mais simplement de se déplacer d'un lieu clos à un autre. La place d'Edmond se trouvait à l'arrière de l'engin, et non pas sur l'aile comme il l'avait craint pour la vue. Petit à petit le zinc se remplissait et Eddie passait des paris mentaux pour savoir quels seraient les voisins …
De sa place, il voyait venir de loin les entrants et, longtemps, cela a été le suspense. Vers la fin, il pensait qu'il serait seul de sa traversée de trois sièges fumeurs, quand une douce voix lui a demandé en français :
- Excusez-moi, mais j'ai la place près du hublot. A moins que vous ne préfériez pour la vue …
Edmond a levé les yeux et un uppercut lui a bousillé le ventre.

54 **Hilfe aus dem Wörterbuch**

54 **Wörterbuch**
→ Erklärung **3** gehört zu dem Wort **caravane**, denn es ist die Rede von *voyager* und *voyageur*.
→ Erklärung **4** gehört zur **caresser**, denn es ist ein Verb.
→ Erklärung **1** gehört zu **car**, denn es ist eine Konjunktion.
→ Erklärung **2** gehört zu **caramel** steht, denn es wird auf *bonbon* verwiesen.

62 GRAMMATIKAUFGABE

Passé composé	Regel	Imparfait	Regel
nous avons passé	1, 3	tout était	2
un orage terrible a éclaté	1, 3	nous profitions	2
il a plu	2		
les maisons ont été inondées	2		
la boue a sali	2		
le courant électrique a été interrompue	2		
		beaucoup de touristes avaient des téléphones	3
ceci a permis d'alerter les pompiers	1		

64 ÜBUNG 1 **Alphabet**

camion, carton, coin, grenouille, griffer, jeu, laine, papier, talent, tomate, yeux

Seite

64   **ÜBUNG 2**   Definitionen-Wirrwarr

sage-femme – femme qui assiste des femmes pendant l'accouchement
similitude – grande ressemblance entre personnes ou objets

65   **ÜBUNG 3**   Wortsuche

une manœuvre
un couteau
se réjouir

65   **ÜBUNG 4**   Fahrrad

1. le guidon – *der Lenker*
2. le dérailleur/ le braquet – *die Gangschaltung*
3. le(s) pneu(s) – *der (die) Reifen*
4. le(s) frein(s) – *die Bremse*
5. la roue dentée – *das Zahnrad*
6. la /les pédale(s) – *das (die) Pedal(e)*

66   **ÜBUNG 5**   Frankreich-Rallye

1. *Le furet du Nord*
2. [fyʀɛ]

67
3. eine Rolltreppe
4. *la scène*
5. ein *accent grave*. (weitere Akzente: der *accent aigu* (*l'été*) und der *accent circonflexe* (*l'hôtel*))
6. *large – étroit*
   poli – impoli
   rond – carré
   sucré – amer
   cher – bon marché
   fidèle – infidèle
7. *la montre*
   un agenda (m.)
   les lunettes de soleil
   le parfum
   le dictionnaire

68
8. *Bonjour Madame, je voudrais un pot de moutarde, s'il vous plaît.*
9. *la lavande*
10. *le vin*   [vɛ̃]
    demain   [dəmɛ̃]
    soudain   [sudɛ̃]
    un   [ɛ̃]
11. eine schreckliche Angst
    ein nicht durchgebratenes Bifsteak
12. *Le matin* bezeichnet punktuell den Vormittag (*Je rencontre Pierre à sept heures du matin.*).
    La matinée bezeichnet den Verlauf des Vormittags (*pendant la matinée*).

69   **ÜBUNG 6** (INTERNET)   Dijon

Das Musée des Beaux-Arts wurde 1787 gegründet.

Seite	
70	**Mit System zum eigenen Text**

71 Postkarte

Dies ist nur eine mögliche Lösung!

Chère Michelle,
Depuis une semaine, je suis à Soulac en France. Il fait très beau et chaque jour, je peux me baigner. Je n'ai pas envie de rentrer samedi prochain. J'espère que tu vas bien.
Salut
Peter

79 GRAMMATIKAUFGABE

Korrigierter Text

Hier, j'ai rencontré un vieux monsieur. Il se promenait avec un petit chien noir. Il portait un grand sac noir dans sa main droite. Il avait d'énormes problèmes de marcher et il s'arrêtait très souvent. Son chien le tirait beaucoup. J'ai vu qu'il s'est installé sur un banc blanc qui était un peu sale.

85 ÜBUNG 1 La Martinique

Dies ist nur eine mögliche Lösung!

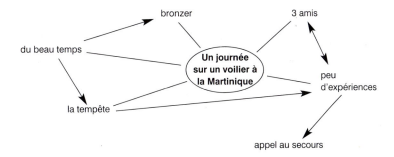

85 ÜBUNG 2 Satzverknüpfung

Mon frère est arrivé tard dans la nuit à Limoges. **Donc**, les transports urbains ne fonctionnaient plus. **Mais**, il n'y avait que les taxis qui circulaient. **Alors**, il en a appelé un.

86 ÜBUNG 3 Postkarte aus dem Elsass

Dies ist nur eine mögliche Lösung!

Cher Pierre,
Depuis trois jours, je suis an Alsace. Le paysage me plaît beaucoup. Surtout les petits villages alsaciens. J'ai déjà visité Strasbourg et Colmar. Pendant la journée, il ne fait pas très chaud. Le temps n'est pas stable. Il y a du soleil, mais souvent, il y a aussi de la pluie.
Salut
Julia

87 ÜBUNG 4 Pariser Bauwerke

Dies sind mögliche Lösungen!

a. Sachtext
L'église Notre-Dame se trouve au centre de Paris près de l'Hôtel de Ville. Cette église fut construite à partir de 1163. Chaque jour, il y a des centaines de touristes qui visitent ce monument qui fait partie des monuments les plus célèbres de la capitale de la France.

LÖSUNGEN

Seite

b. Dialog Tour Eiffel – Arc de Triomphe
TE: Salut cher ami Arco. Comment vas-tu?
AT: Ah, salut Eiffelia. Je ne peux pas me plaindre. Maintenant au mois de novembre, il y a heureusement moins de touristes. Et toi? Qu'est-ce que tu racontes?
TE: Ici, pas de pause. Les touristes arrivent sans cesse. Aujourd'hui, il y avait trois cars de Japonais. Il y avait du brouillard, mais ils voulaient tous monter à la deuxième plate-forme.
AT: Il y a du brouillard ? Je ne l'ai pas remarqué ici en bas. Mais ces voitures… A propos, est-ce que tu as déjà vu la nouvelle voiture sport de Renault ? Suuuuper.
TE: Non, je ne l'ai pas encore vue. Et je ne m'intéresse pas vraiment aux voitures. Alors, à la prochaine fois. Salut!

c. Brief Stadtrundgang
Cher Marc,
Aujourd'hui, j'ai passé ma journée à visiter quelques monuments de Paris. Le matin, j'ai pris un bateau-mouche et j'ai vu l'Ile de la Cité, une petite île dans la Seine qui est très jolie. Après, je suis allé au Louvre pour voir la Joconde. A midi, j'ai mangé dans un bistrot près du Jardin du Luxembourg. Ensuite, j'ai pris le métro pour aller voir la Tour Eiffel. C'est super. J'étais déjà fatigué, mais je suis encore allé dans le quartier des Halles. Tous ces magasins… Mais le soir, je ne suis pas allé à l'Opéra. J'étais vraiment trop fatigué.
A bientôt
Pascal

87 ÜBUNG 5 (INTERNET) La Cité des sciences

Der Name des sich bewegenden Kinosaals ist „Cinaxe".

88 ## Schär Müsjö Schierack

88 **Mitteilung**

Korrigierter Text

Anke,
J'ai bien reçu ton e-mail avec les **informations** de ton arrivée le 14 septembre.
Je vais **aller** te chercher **à l'aéroport**.
Moi, je n'**ai** encore rien fait pour me préparer au cours. Mai cela ne m'**intéresse** pas beaucoup.
Je t'embrasse
Thierry

89 AUFGABE **Akzente**

Cet après-midi, je vais jouer au tennis **ou** rendre visite à Pierre.
Je sais **où** se trouvent les clés de la voiture.

90 AUFGABE **Unterschiedliche Schreibung von gleich gesprochenen Wörtern**

bateau
appareil
exemplaire
baguette

90 AUFGABE **Angleichung der Verbform an das Subjekt**

a. Les touristes **n'aiment pas** les endroits bruyants.
b. Souvent, les villes **interdisent** une radio à la plage.
c. Un jour, un jeune homme **a apporté** une radio portable.
d. Il **a** allumé l'appareil.
e. La musique **était** vraiment forte.
f. Comme on **pouvait** le penser, il y avait des personnes qui **ont** commencé à protester.
g. La discussion entre le jeune homme et les touristes **avait** duré longtemps.
h. Mais finalement, le jeune homme **a** quitté la plage.

91 AUFGABE **Endungen der regelmäßigen Verben im Präsens**

1. Pierre et Mireille cherch**ent** la cassette mais ils ne la trouv**ent** pas.
2. Leur père arriv**e** pour les aid**er**.
3. Mais après quelques minutes, il par**t** parce que le téléphone sonne.
4. C'es**t** Yvonne à l'appareil.
5. Elle croit que ses amis de Bretagne doiv**ent** lui rendre visite l'après-midi.

Seite

92 AUFGABE **Endung des Infinitivs auf „-er"**

1. D'abord, j'ai jou**é** à l'ordinateur, ensuite j'ai commencé à faire mes devoirs.
2. Ma sœur est arriv**ée** un peu plus tard.
3. Mais nous ne pouvons pas travail**ler** ensemble.
4. Ne cherch**ez** pas les raisons pour cela.
5. Vous ne les trouv**erez** jamais.

93 AUFGABE **„Ce", „ces" und „se", „ses"**

1. Mon père **s**'est adressé à la vendeuse.
2. Ma mère ne dit jamais **ce** qui lui plaît.
3. Quand j'ai vu l'accident, **c**'était terrible.
4. **Ce** livre de Harry Potter se vend bien.
5. Je ne connais pas **ces** règles.
6. Les Dupont **s**'achètent une nouvelle voiture.
7. **C**'est super.
8. Les personnes de la rue Lamartine ne **se** connaissent pas.
9. Le foot, **c**'est vraiment son sport préféré.

93 AUFGABE **De nach Mengenangaben/Verneinung**

1. Ajourd'hui, j'achète un DVD.
2. Je ne mange pas de fruits.
3. N'oublie pas d'acheter deux kilos d'oranges.
4. Où est la bouteille de coca.
5. Quand nous faisons un voyage, j'emmène toujours ma bouteille d'eau.

94 AUFGABE **Tout und tous**

1. Pierre et Marie sont **tout** curieux.
2. Max a dormi **toute** la matinée (t**ou**t le matin).
3. **Tous** les enseignants ont lu le livre.
4. Ils sont **tous** heureux / Elles sont **toutes** heureuses.
5. Je suis **tout** à fait d'accord avec Pierre.
6. **Tout** ce que tu dis est faux.
7. Où vont **tous** ces gens?

95 AUFGABE **Leur und leurs**

1. Je **leur** ai donnné ma disquette avec les devinettes.
2. **Leur** ordinateur est un vieux modèle.
3. Mais **leur** collection de BD est vraiment bien.
4. **Leurs** parents ne sont pas toujours contents parce que Luc et Suzanne n'aiment pas toujours ranger **leurs** livres.
5. Mais cela **leur** est égal.

96 AUFGABE **Imperativ Singular**

1. Copie le texte.
2. Mange la salade.
3. Souviens-toi.
4. Eteins la radio.
5. Va chez le médecin.
6. Sois gentil.

97 AUFGABE **Angleichung (accord) des participe passé**

1. Hier, j'ai regardé la télé.
2. Je me suis bien amus**ée** parce que la présentatrice a raconté des histoires drôles.
3. Je les avais déjà entendu**es**, mais je les avais oubli**ées** entre-temps.
4. Combien d'histoires est-ce qu'elle avait racont**ées**?
5. Et toi, Jean, combien de livres est-ce que tu as lu**s** depuis notre dernière rencontre?

97 AUFGABE **Futur I und Conditionnel**

1. Murielle écrira une interro la semaine prochaine.
2. Nous ferons nos devoirs après l'école.
3. Les jeunes filles préfèreraient aller au cinéma.
4. Quand Pascal arrive, nous irons ensemble à la plage.
5. S'il pleuvait, nous resterions à la maison.

LÖSUNGEN

Seite

98 AUFGABE *Si*-Sätze

1. *Si*-Satz I: Si je rencontre Pierre je serai heureux/heureuse.
2. *Si*-Satz I: Si je n'ai pas cours demain je jouerai au football.
3. *Si*-Satz II: Pendant les vacances nous irions à Paris, si mon père ne devait pas travailler.
4. *Si*-Satz II: J'achèterais ce livre s'il n'était pas si cher.

99 AUFGABE **Quel/quelle/quels/quelles**

1. Pierre a longtemps réfléchi quel livre était le plus intéressant.
 (richtige Form)
2. Ensuite il a regardé par la fenêtre et il a vu une petite fille. Quels âge avait-elle?
 (Falsche Form, da das Substantiv *âge* im Singular steht. Korrekte Form: **quel**.)
3. A côté d'elle, il y avait un petit chien. Mais de quelle couleur était-il ?
 (Falsche Form, da das Substantiv *couleur* im Singular steht. Korrekte Form: **quelle**.)
4. Le professeur a demandé aux élèves quels intérêts ils avaient ...
 (richtige Form)
 ... et quel musique ils aimaient.
 (Falsche Form, da *musique* weiblich ist. Korrekte Form: **quelle**.)
 Finalement, il voulait savoir quels matières ils préféraient.
 (Falsche Form, da *matière* weiblich ist. Korrekte Form: **quelles**.)

101 **GRAMMATIKAUFGABE**

Je n'ai pas le temps.
Tu as vu cette photo?

102 **ÜBUNG 1** Richtige Schreibung

	le chef		le chef
		le soldat	le soldat
l'escalier			l'escalier
	le chien		le chien
		les trains	les trains
		le paquet	le paquet
	le café		le café
dur			dur
	la chambre		la chambre
	la bouteille		la bouteille
		savoir	savoir
hier			hier
		les cheveux	les cheveux
la neige			la neige
		le chat	le chat

103 **ÜBUNG 2** Wortendungen

a. bureau
b. année
c. chocolat
d. bâtiment
e. cristal

103 **ÜBUNG 3** „Ss", „s" oder „ç"?

1. nous commençons
2. une annonce
3. une assiette
4. la réponse
5. la façon
6. la recette
7. un passant
8. rester
9. penser
10. la course
11. une chaussure
12. la classe

Seite

104   **ÜBUNG 4**   Einen Satz ergänzen

1. Le centre d'Avignon me plaît beaucoup.
2. Gisèle et toi vous avez acheté une vieille ferme?
3. Est-ce vrai que tu aimes la Provence?
4. Mes parents se reposent à Nice.
5. Un car de touristes bloque une petite rue devant l'église.

104   **ÜBUNG 5**   Verbformen zuordnen

Il y a quelques années encore, les voitures roul**aient** moins vite.
Il y av**ait** aussi moins d'accidents.
Le piéton pouv**ait** traverser une rue avec moins de risque.
Et les personnes qui utilis**aient** une bicyclette fais**aient** attention aux voitures.
Donc, les piétons et les cyclistes, on les respect**ait** plus.

104   **ÜBUNG 6**   Ein Diktat schreiben (CD: 9)

Devenir architecte
Je voudrais devenir architecte. Mon père et mon grand-père étaient architectes. Je sais bien dessiner et c'est pourquoi, je m'intéresse à la construction des maisons de mon village. Ces dernières années, on a construit beaucoup de villas qui sont très jolies. Ce sont des modèles pour mes idées. Ce qui est sûr, c'est que je vais faire des études d'architecture après l'école. Mais cela ne sera pas demain et je sais que je dois encore devenir plus forte en mathématiques.

105   **ÜBUNG 7**   Brief an den Präsidenten

Monsieur le Président, cher Monsieur Chirac,
Je m'appelle Mark Soller et j'apprends la langue française depuis un an. Je vous prie d'excuser mes fautes de français.
J'ai quelques questions parce que mon professeur m'a demandé de vous adresser une lettre.
Voici mes questions:
– Est-ce que vous aimez votre travail?
– Combien de secrétaires est-ce que vous avez?
– Vous mangez des pommes frites de temps en temps?
– Est-ce que vous et votre femme aimez Céline Dion?
– Où est-ce que vous passez vos vacances?
– Connaissez-vous l'Allemagne?
– Combien de langues parlez-vous?
– Est-ce que vous avez beaucoup d'enfants?
C'étaient mes questions. Merci de votre réponse.
Au revoir.
Avec mes salutations respectueuses
P.S.: L'année prochaine, notre classe sera à Paris!

105   **ÜBUNG 8** (INTERNET)   Elysée-Palast

Es ist die Association „Le Pont Neuf", die Austauschbegegnungen von Jugendlichen aus östlichen Ländern und jungen Franzosen fördert.

106   **Ich fasse mich kurz und schreibe ein résumé**

111   **GRAMMATIKAUFGABE**

Muriel demande à Pascal s'il connaît l'indicatif de l'Allemagne.
Pascal répond qu'il pense que c'est le 0049.
Muriel dit qu'elle ne se souvient plus.
Elle demande si elle doit faire le 0 quand elle fait le numéro d'un portable.
Pascal répond qu'elle ne doit pas faire le 0.
Muriel dit que c'est terrible et qu'elle n'arrive pas à envoyer son SMS à Manuela.
Pascal dit qu'elle doit attendre quelques minutes et qu'il va l'aider.

LÖSUNGEN

Seite

113   ÜBUNG 1   Texto

Bonjour, vous avez le temps pour un café?
O.k. mais pas avant 18 heures, j'ai du boulot.
Rendez-vous pour une tasse de café.
A plus (tard).

114   ÜBUNG 2   Résumé Londres

Dans le texte «Trois semaines à Londres», un extrait du roman écrit par Laurence Cossé et publié en 2004, une jeune fille de quinze ans parle de la situation de sa famille. Elle vit avec sa mère mais elle ne se sent pas aimée. Le père travaille beaucoup. La fille reproche à sa mère de ne pas l'aimer et de penser uniquement à un demi-frère nommé Paul.
La mère a eu cet enfant d'un premier mariage. Quand elle s'est remariée, le comportement de Paul a beaucoup changé. Il ne parlait pas au mari de sa mère et il n'a plus travaillé à l'école. Il avait un seul intérêt, c'était la peinture. Un jour, quand la fille qui raconte l'histoire eut sept ou huit ans, Paul a quitté la maison et on a appris qu'il s'était rendu à Londres.

115   ÜBUNG 3   Résumé parachutisme

Le texte «La tête dans les nuages», paru dans Phosphore en 2002, est un reportage sur une jeune fille, Astrid, qui pratique un sport extrême, le parachutisme.
Elle a commencé à faire du parachutisme à l'âge de 17 ans à Lyon. Avant de commencer un stage de formation, elle avait besoin de l'accord de ses parents et d'un examen médical.
C'est un sport qui demande beaucoup de discipline mais qui offre des sensations extraordinaires. Astrid raconte qu'elle a vécu une situation dangereuse parce qu'elle a perdu toute orientation. Elle avait donc oublié d'ouvrir son parachute. Mais son parachute automatique avait bien fonctionné. Après cela, elle a tout de suite recommencé à sauter.

115   ÜBUNG 4 (INTERNET)   Visite à Rouen

Die Personen sind alle berühmte Schriftsteller.

116   Wörter lernen

116   Sorciflette

Sorciflette sucht im Haus unter und in verschiedenen Möbeln ihre Brille.

121   GRAMMATIKAUFGABE

Gisèle et son copain Martin sont à Paris. Le matin, ils réfléchissent à ce qu'ils **peuvent** faire pendant la journée. Martin propose d'aller tout de suite au Centre Pompidou. Gisèle dit: «Mais **attends** un peu. Tu **sais** bien que les œuvres d'art ne m'**intéressent** pas.» Martin **répond**: «Pendant que je regarde les tableaux, tu peux aller dans un café. **Bois** un petit café et prends un croissant, si tu veux.»
Enfin Gisèle est d'accord et ils **prennent** le métro pour sortir à la station Les Halles.

127   ÜBUNG 1   Wortarten

Les substantifs: le lointain, détective
Les adjectifs: quotidienne, grandes
Les adverbes: tout, déjà, mal
Les prépositions: au-dessus de, dans, devant, sans, à
Les articles: le, les, des
Les adjectif possessifs: sa, son

Seite

128 ÜBUNG 2 Wortfamilie

baigner: la baignade, le baignoire, le bain
chaud: la chaleur, chaleureux, la chaudière
intérêt: s'intéresser à qc., le désintérêt, un(e) intéressé(e)
colorer: la couleur, multicolore, le coloriage
poli: la politesse, poliment, impoli

128 ÜBUNG 3 Wortbündel

revoir qn	la voiture	le palmier
gentil	le matin	le sable
la question	fatigué	l'étoile (f)
	le rouillard	
	faireattention à qc	

128 ÜBUNG 4 Meine Geschichte

Dies ist nur eine mögliche Lösung!

Chaque matin, je suis très fatigué. Quand ma mère me pose la question: «Ça va, Pierre?», je ne fais pas attention à ce qu'elle dit et souvent je ne réponds pas. Je sais que cela n'est pas gentil. Mais quand je vois le brouillard du mois de novembre, je pense aux dernières vacances, aux palmiers, au sable fin et aux étoiles la nuit. Je voudrais bien revoir l'Ile de la Martinique. Mais quand je suis dans mes rêves, j'entends déjà le moteur de la voiture et ma mère qui dit: «Viens, je t'emmène à l'école.»

129 ÜBUNG 5 Merkbilder

le barbe · le maillot de bain · retourner · triste

129 ÜBUNG 8 Mots croisés

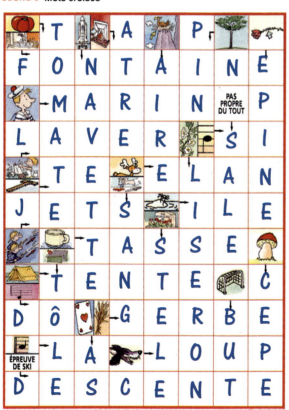

LÖSUNGEN

Seite

130 Französisch – eine *ausgesprochen* schöne Sprache

136 **GRAMMATIKAUFGABE**

1. En regardant l'homme, j'ai eu peur.
2. En faisant mes devoirs, j'écoute la radio.
3. En trouvant la solution de la dernière fois, j'ai pu faire mes devoirs.
4. En faisant du sport, je reste en forme.

137 **ÜBUNG 1** Lautschrift

deuxième
expliquer
juin
sur
très
week-end
juste
amitié
billet
dynamique
Ce film est une production allemande.

137 **ÜBUNG 2** Banausenlautschrift

Dies ist nur eine mögliche Lösung!

1. le momang
2. le garasch
3. parätr
4. la proononßiaßjon
5. difißilemang
6. la tärass

139 **ÜBUNG 5** (INTERNET) Titeuf

Der Zeichner von *Titeuf*, Zep, heißt mit richtigem Namen Philippe Chappuis.

140 In einem Gespräch mitreden

140 **Bild**

Dies ist nur eine mögliche Lösung!

A: Charlotte! Toi en bicyclette?
B: Ah, Michelle, salut. Où vas-tu?
A: Je rentre du lycée. Je voulais encore passer à la FNAC. Et toi?
B: J'ai fait du sport.
A: Encore du Tai-Chi?
B: Oui, c'est vraiment super. Allez, je dois te laisser. Salut.
A: Envoie-moi un SMS si tu veux qu'on aille au cinéma ensemble ce soir.
B: D'accord, à plus tard.

147 **GRAMMATIAUFGABE**

a. Oui, j'en ai acheté deux hier.
b. Oui, elle leur demande souvent conseil.
c. Non, il ne lui a pas bien répondu.
d. Non, je ne les aime pas.
e. Oui, je l'ai connue.
f. Oui, il la lui a offerte.

Seite

148   **ÜBUNG 1**   Im Alltag spontan reagieren

Dies sind nur mögliche Lösungen!

1. → Excusez-moi, Mademoiselle, j'étais là avant vous!
   → Excusez-moi, mais vous êtes arrivée après moi!
   → Mais regardez Mademoiselle, il y a la queue et je suis arrivé(e) avant vous.

2. → Excusez-moi, je crois qu'il y a une erreur.
   → Excusez-moi Madame/Monsieur, mais je cois que le compte n'est pas juste : vous pouvez vérifier, merci!

3. → Bonjour Madame! J'ai vu dans la vitrine un objet qui me plaît. Il est carré, petit, rouge … Il est à côté des lunettes noires, devant/derrière les lunettes, entre les lunettes noires et le sac de plage bleu, sur la petite étagère blanche, dans le coin à gauche/à droite…

4. → Oh, ça sent la fumée! Excusez-moi Madame, c'est un compartiment non-fumeur!
   → Je m'excuse Madame, vous n'avez pas vu, c'est non-fumeur ici!
   → Madame, est-ce que vous pouvez éteindre votre cigarette? C'est un (compartiment) non-fumeur! Merci!

5. → Excusez-moi Monsieur/Madame, mais je crois que c'est ma valise!
   → Pardon, vous vous trompez, Monsieur/Madame, c'est ma valise!
   → Pardon Monsieur/Madame, c'est ma valise! Regardez, c'est mon nom!

149   **ÜBUNG 3**   Zeugenaussage

Dies ist nur eine mögliche Lösung!

Bonjour Monsieur. C'est bien la police de Wintzenheim? C'est Julia Weber qui parle. Je viens de lire dans les DNA le message sur le vol de voiture à Eguisheim. Vous savez de quoi il s'agit? J'aimerais bien vous signaler que j'ai vu une personne suspecte vers 15.30 place de la mairie à Eguisheim près d'une Peugeot 206.
--
Oui, bien sûr, je vais passer au commissariat après l'école vers 17 heures. A bientôt.

150   **Sich selbst einschätzen**

Zeugnis

Gute Noten hat der Schüler in den Fächern
- Geschichte/Geografie   17
- Physik   17
- Deutsch mdl.   16,5
- Sport   15

157   **GRAMMATIAUFGABE**

Je ne souhaite pas qu'on **arrive** trop tard.
Il me semble que ces arguments **sont** vraiment faibles.
Pierre dit souvent que je n'**ai** pas raison.
Je ne pense pas que cela **soit** une solution.
Pierre est très heureux que son amie **rentre** bientôt.

Seite 158

ÜBUNG 1 Die Stufen des Hörens

6	**A1:**	Ich kann vertraute Wörter und ganz einfache Sätze verstehen, die sich auf mich selbst, meine Familie oder auf konkrete Dinge um mich herum beziehen, vorausgesetzt es wird langsam und deutlich gesprochen.
3	**A2:**	Ich kann einzelne Sätze und die gebräuchlichsten Wörter verstehen, wenn es um für mich wichtige Dinge geht (z. B. sehr einfache Informationen zur Person und Familie, Einkaufen, Arbeit, nähere Umgebung). Ich verstehe das Wesentliche von kurzen, klaren und einfachen Mitteilungen und Durchsagen.
2	**B1:**	Ich kann die Hauptpunkte verstehen, wenn klare Standardsprache verwendet wird und wenn es um vertraute Dinge aus Arbeit, Schule, Freizeit usw. geht. Ich kann vielen Radio- oder Fernsehsendungen über aktuelle Ereignisse und über Themen aus meinem Berufs- und Interessengebiet die Hauptinformationen entnehmen, wenn relativ langsam und deutlich gesprochen wird.
5	**B2:**	Ich kann längere Redebeiträge und Vorträge verstehen und auch komplexerer Argumentation folgen, wenn mir das Thema einigermaßen vertraut ist. Ich kann im Fernsehen die meisten Nachrichtensendungen und aktuellen Reportagen verstehen. Ich kann die meisten Spielfilme verstehen, sofern Standardsprache gesprochen wird.
4	**C1:**	Ich kann längeren Redebeiträgen folgen, auch wenn diese nicht klar strukturiert sind und wenn Zusammenhänge nicht explizit ausgedrückt sind. Ich kann ohne allzu große Mühe Fernsehsendungen und Spielfilme verstehen.
1	**C2:**	Ich habe keinerlei Schwierigkeiten, gesprochene Sprache zu verstehen, gleichgültig ob „live" oder in den Medien, und zwar auch, wenn schnell gesprochen wird. Ich brauche nur etwas Zeit, mich an einen besonderen Akzent zu gewöhnen.

Seite 159

ÜBUNG 2 Beschreibungspuzzle

	Hören	Sprechen	Lesen/Verstehen	Schreiben
einfache Stufe	1	4	7	8
höhere Stufe	3	5	6	2

Noch Fragen?

Die **Lernbox Französisch** wurde geschrieben, um deine Kenntnisse und Fähigkeiten in Bezug auf die französische Sprache zu fördern.

Wir haben uns bemüht, die typischerweise mit dem Französischlernen verbundenen Fragen von Schülerinnen und Schülern zu berücksichtigen. Die Erfahrung zeigt aber, dass viele Fragen erst bei der Bearbeitung der Übungen entstehen.
Wenn du bei der Arbeit mit der **Lernbox Französisch** auf ein Problem stößt, kannst du über die E-mail-Adresse **lernbox-franzoesisch@friedrich-verlag.de** einen Rat einholen. Uns würde natürlich auch interessieren, wenn du Anregungen oder Kritik hast.